物語と子どもの発達

読み聞かせ35年　見えない部分を探る

田中昭子

Shoko Tanaka

文芸社

序

　創作民話絵本『木のまたてがみ』（大川悦生・文　那須良輔・絵　偕成社）の読み聞かせを聞いたとき、「物語が立ち上がっている。生きている」と、私は不思議な感動を覚えた。読み聞かせという行為に強く惹かれた私は、すぐに子どもの本の研究会に入れていただいた。35年前のことである。それから子どもたちに絵本や物語を読むことが多くなり、子どもたちの反応を見て、子どもと子どもの本の世界にますます惹かれていった。

　不安や悩みを抱え心の内で葛藤している子は少なくない。学校に行けない、なかなか教室に入れない、集団行動に参加できない、文字を読むのは苦手、友だちのこと、先生のこと、家族のこと、居場所がない等々。そんな子どもと共に私も悩んだ。そしてしばしば子どもの本が子等と私に優しく寄り添い、希望を与え、力を発揮してくれた。

　読み聞かせを重ねるうち、目の前にいる子どもたちは、私の読む本のどこに何を感じ考えているのだろう、そして、変容していくのだろうか、子どもの見えない内部を知りたいという思いが湧いてきた。そして当時、山梨大学の教授（現　徳島文理大学教授）をされていた岡林春雄先生のご指導をいただき、その課題解決のための研究に取り組んでみた。

　本書第1部はその研究を進め、2013年に山梨大学に提出した学位論文「物語理解における子どもの発達—因果的思考を中心に—」をもとに加除し、また、その後、同様の実験的試みを行い検証したものも加味してまとめたものである。研究を学位論文としてまとめるにあたりご指導いただいた岡林教授をはじめ、ご助言やお励ましをいただいた山梨大学教育学研究科の教授の皆様、その他ご協力いた

3

だいたすべての皆様に心からの感謝とお礼を申し上げる。

　本書第2部は、研究資料や物語の読み聞かせを聞いたあとの感想から子どもの姿をとらえ、また、日ごろの実践から、変容する子どもを療法的に探ってみたものである。

物語と子どもの発達
読み聞かせ 35 年　見えない部分を探る
目次

第2部　資料編

第1部　研究編

論文要旨

Ⅰ.問題提起

1. 定義

　本研究において、因果的思考を、事象や行動が何らかの原因によって結果として生じた、あるいは生じるであろうと推論すること、また逆方向に起こった事象や行動の結果から原因を探り理由づけをすること（内田,1985）と定義する。

2. 先行研究

(1) 物語

① 物語と子ども

　子どもたちは、「なぜ？」といつも世界を探究している。この探究の心は物語世界にも向けられ、自分とは違った作者の視点で描かれた物語世界の因果関係に矛盾を感じたり、納得したりして、様々な反応を示すと考えられる。

② 物語理解における推論

　物語は、因果的構造を持つが、作品中不連続なところがあったりすると、推論によって解釈していく。また、作品と現実の子どもの相互作用によって理解が進められるので、現実の自己の立場から作品に疑問を持ったところが出てくる。そんな時、推論、因果的思考がなされていると考えられる。作品中、叙述が不足しているところでどのように因果的思考をするだろうか。特に読み聞かせにおいては語り手によってお話が展開するので、瞬間的理解が求められる。どのように、因果関係を把握していくのだろうか。

(2) Gopnik,A.らの研究（2004）

子どもたちは、世界や人の心に関する因果的構造を表象しており、因果マップとして脳内に蓄える。そのメカニズム学習には強いタイプの因果推論をしていて、因果判断に際して実験や観察を通して得られる実質的仮定と、統計的分析をする形式的仮定の2つの制約があるとしている。子どもが自らを変革していく原動力はこの因果推論にあり、因果関係の知識であるのだと述べている。因果マップと2つの制約はどのように表れるのだろうか。

(3) Piaget,J.の研究

　認知発達段階説と因果性発達段階説（1927）がある。子どもたちはその年齢に応じて認知の仕方や因果性が変化していくというものであるが、これらをよりどころに、子どもたちの因果的思考の発達を見ていきたい。

(4) 読み聞かせの実践研究から

　読み聞かせの実践中に見られた自由発言により、お話を聞きながらも子どもたちは因果的思考をしていることが窺われる。しかし、心的イメージの世界で全ての子どもが因果的思考をしているのか、発達段階によって違いが見られるのかの課題について筆者は確証を持つに至っていない。

3. 目的

　子どもたちが持つ探究心と物語が持つ因果的構造から、物語理解過程における因果的思考を本研究の中心におく。小学校児童を対象に、叙述が少なく推論が予想される場面と物語の結末部分で、瞬間的因果関係の把握や因果的思考の変化の様子を探る。

II　実験

1. 素材 『グレイ・ラビットのおはなし―第1話―』

Uttley,A. 作　1929

訳　石井桃子・中川李枝子　岩波書店　1995

2. 方法

（1）因果的思考場面を設定する

　　その1：読み聞かせを主人公の葛藤場面でストップし、瞬間的因果関係の把握と時間をかけての因果的思考を探る。

　　その2：物語の終結部分、因果連鎖の結末での因果的思考を探る。

　　その他因果連鎖で結ばれている劇的な場面においても因果的思考の様子を探る。「なぜ？」の質問を用意する。

（2）被験者　小学校児童

　　1年生20人、2年生19人、5年生21人、6年生21人、合計81人

（3）回答方法　質問紙、インタビュー

Ⅲ．結果

1．因果的思考全質問に関して、答えられなかった子どもはいなかった。物語理解過程実験Ⅰの場面での瞬間的な因果的思考は85％の回答を得た。回答のないのは意識の問題と、表現の問題が大きな要因として考えられる。時間確保と討議により意識化した後は全体で95％の回答があった。

2．意味的反応では学年ごとに反応様相に違いが見られた。その1の場面から、

　　1年生　原因をフクロウの会話部分から捉えている子どもが多く見られた。問題をピクピクとか、心臓がドキドキなど身体感覚で受け止めている。

　　2年生　……が言ったから、……のためになど、人とのつながりで考えている反応が出てきている。

　　5年生　原因を友達に関して考えている回答が76.2％と多く見られた。

　　6年生　自立や倫理観からの考えが見られるようになってきた。

　　その2からは、学年が高くなるにつれて原因について多要因が捉

えられている。時間的空間的な広がりとともに深さも増していることが捉えられた。

3. 思考の仕方

1年生には「フクロウがいったから」のように目の前の事柄から原因判断がなされ、高学年では時間的空間的に逆思考が広い範囲にわたっている。可逆的操作は豊かになると言えよう。

4. 反実仮想（もし〜だったら〜だったろうに）

言葉の表現としての反実仮想は少なかったが、1年生の中には反実の考えをしている子どもが見られた。5、6年生には記述が見られた。原因への反実の介入においては全員が回答し、結果を予測できた。

5. 因果マップ

子どもたちは、原因を捉えグラフィカルなマップとして X → Y のように脳内に収めると思われる。原因判断までの流れを見ると、作品上からのスキーマ、実質的仮定、反実仮想、心情からの推論が見られた。仮定、帰納的推論が高学年では見られた。2つの仮定の制約が働いている。

Ⅳ. 考察と課題

人には因果的思考をする能力があり、子どもたちはその力を活用して物語世界をも探り、因果マップとして蓄えながら、さらに探究を続けている。本実験の因果的思考において1年生はPiagetの思考段階の前操作期の直観的思考の特徴を持っていると思われ、1年生

から2年生への段階、5年生から6年生への段階で思考の様相に顕著な変化が認められた。心的な因果的思考は言葉による説明となり、意味内容を分類すると道徳性も関係していることが捉えられた。また、心的な因果性は複雑さを持ち、子どもたちは因果関係について納得がいくまで追求を重ねて、真実を探っている様子が現れていた。因果的思考には、日常からの学びを基に思考構造、因果構造の表象、論理性、スキーマ、心情等が細かく絡み合っている。読み聞かせを終えての感想文には、自己中心的な見方の周りへ及ぼす影響、みんな一緒に幸せに暮らすために自分はどう考えるかなど、自己の変革が感じられるものが多かった。因果的思考・原因究明が可能世界を描き、世界を変えていく中心的課題であることが明らかであった。本研究を通して因果的思考が、推論する力、世界を変革する力、未来への道を切り開く力を期待できるものであると言える。物語理解過程において、子どもたちに生じる「なぜ？」「どうして？」に耳を傾けていきたい。

物語理解における子どもの発達
—因果的思考を中心に—

Ⅰ．はじめに

　めまぐるしく変化し、様々な不安を抱える社会情勢の中で、子どもたちには未来を切り開き、逞しく生きてほしいと願う。今日の教育課題もまたそれであると考える。人類の起源以来の伝承のお話や古代の神話から様式を変えながらも、人間は物語に生きる意味を問うてきた。筆者はそうした物語に出会うことは教育課題に応え得る一つの機会を提供すると捉えている。

　子どもと物語の出会いは、自治体でのブックスタート運動（2001〜）をはじめ、学校の授業や朝読書、読み聞かせ、それに、多くの場所でボランティア、図書館や教育関係者、医療関係者等、様々な人々によっていろいろな方法で行われている。筆者も長年「読み聞かせ」を行ってきた。子どもたちは読み聞かせに泣いたり、笑ったり、呟いたりと、様々な反応をする。物語との出会いを通して困難を乗り越えた事例も目にし、物語の不思議な力を感じてきた。物語とかかわっている時、子どもたちの心の中はどのようになっているのか、どのように考えどのようにして自分にとっての新しい理論を学ぶのか、そして変容していくのだろうか。世界を切り開く力としての物語の意味を問い直してみたいと本研究に取り組んだ。その核となるものとして、子どもの、いつも「なぜ？」と問うている探究心と思考力があるのではないかと考え、物語理解における因果的思考を取り上げた。

Ⅱ. 問題提起

1. 定義　　因果関係と因果的思考

何かが起こるには原因がある。もし原因がなければその結果はなかったという関係を、因果関係という。本研究において、因果的思考を、事象や行動がなんらかの原因によって結果として生じた、あるいは生じるであろうと推論すること、また逆方向に起こった事象や行動の結果から原因を探り理由づけをすること（内田，1985）、と定義する。

2. 先行研究

(1) 物語

①物語と子ども・因果関係

子どもは「なぜ？」「どうして？」を発しながら、または、秘かに「なぜだろう？」と問いながら世界を探究している。そうして周りにいる人たちから説明を受けて納得したり、自分自身で観察したり体験を重ねて世界における様々な関係から、原因と結果の関係を捉えていく。不思議を感じた子どもは繰り返しやってみて「こうしたら、こうなる、ならない」ことを知り、人の心と行動の関係、食べ物と病気の関係など、自分なりの理論を持っている。読み聞かせ、あるいは自ら本に手を伸ばして、子どもたちは物語の世界に入り込み、遊ぶ。物語は登場人物や出来事と出来事の間が、因果関係をもって語られている。その世界は作者の視点で語られ、作者の考え、言いたいことが底を流れている。そして、主として言語で紡がれた表象の世界であり、心的イメージの世界である。子どもが、その物語世界にも日常生活と同様、「なぜ？」という探究の心を持って臨んでいる姿を見かける。3歳の子どもでも、本を手にして「くもさん、なぜおへんじしないの？　いそがしいからだね」と主人公のクモに話しかけたりするのである。

自分の世界では「こうしたら、こうなる」が、物語世界では「こうしたら、別のことが起こる」ことが可能であり、自分とは違う作者の視点で語られている時、子どもは物語を面白がったり、楽しんだり、不思議がったりするのであろう。読み聞かせ中、「そんなことありえないよ」とか「わかった」等の発言があるのも、こんな時だと思える。また、自分と作者とが同じ視点で語られていると、子どもは「やっぱり」と納得して安心したり、そこに自己の姿を見て親しみや勇気を得たりするようである。そのようにして、子どもたちは物語世界で登場人物や出来事を通して因果関係について理解し、学び、新しい自分の理論を持つのであろう。

　ある時、同じ物語を異学年の子どもたちが一緒に聞いていると、低学年の子どもたちは楽しそうに笑いながら聞いていたが、高学年の中から「そんなこと子どもはやっちゃいけないんだよ」と、子どもが飛行機の操縦士になるという話に大きな声が上がった。この違いはどこからくるのだろうか。また、同じ話を聞いても、読んでも、見方が変わるということはよく耳にする。それは、なぜだろうか。学年（年齢差）によって因果的思考はどのように変わっていくのだろうか。

②物語の理解

　物語に出会った子どもたちは、前記のように、作品に叙述されたものと、自分の持っているものとの相互作用によって、物語を理解していく。作品に詳しい叙述がない場合は、推論によって補っていく。BeaugrandeとDressler（Beaugrande & Dressler, 1981, 訳1984）は、「命題の連鎖の不連続性ないしギャップを満たす推論操作が実行される。推論操作とは知識を活性化し、動員することによって、命題間のまとまりを図ることである」と述べ、知識（スキーマ）とは、「時間的な近接や因果関係に従って関連付けられ一定の順序に配列された出来事や状態からなるグローバル・パターン」だと述べ

ている。

　文章理解研究において推論が読解時にオンラインで生じているかを決定するための信頼できる実験的方法論が同定されていない。心理学的研究からは橋渡し推論はオンラインで生じることが明らかになってきている。予測推論は今後の検討課題（邑本，2005）としている。本研究は自ら読んで理解していく読解ではなく、読み聞かせによる主として耳から入る情報による物語理解での推論を研究したいのであるが、やはり、オンラインでの推論について実験を試みたい。そのための素材として、劇的な場面の因果連鎖がはっきりしている物語絵本『グレイ・ラビットのおはなし』（Uttley, 1929 日本版絵本，1995）を取り上げる。動物が擬人化されて描かれている創作物語である。日本版の絵本は主人公がフクロウにしっぽをあげる場面の叙述が原作より少なくなっていて、なぜあげてしまうのかの理由は聞き手の推論に任されている。この部分での因果関係を捉えることは、物語理解のうえで登場人物の理解やその後のストーリー展開のために必然性があると考える。また、子どもたちも「えっ、なぜ？」と追究したいところであると予想する。自分の体の一部をあげてしまうという、主人公の葛藤、内在する対立感情のもっとも激しいところである。結果としての「あげましょう」という行為をもたらした原因はいったいなんなのか。また、一見残酷そうに見えるこの場面がもたらす意味はなんなのかを考える意義があると捉えている。

　もう一つ、一連の出来事を通して「みんなは、いっしょに幸せに暮らした」という物語の結末部分を捉えたい。どのようにして幸せになるのか、しかも、みんないっしょにとある。今度は、個人の内部ではなくお話全体の中で対立していたものが一つになるのである。なぜ一つになれたのか。生きていくうえでの永遠のテーマであり、物語から子どもたちがその要因として何を掴み得るのか、子どもたちは、どのような因果的思考をするのであろうか。

（2）Gopnik, A. の研究

Gopnik 等（Gopnik, A., Glymour, C., Sobel, D.M., Schulz, L.E., Kushnir, T., &Dnks, D.2004）は、「子どもは世界の出来事の間の因果的構造を学習してそれを表象している。そのメカニズム学習には強いタイプの因果推論をしており、因果関係決定に関して2つの違った制約がある」と主張する。

A. 実質的な仮定（substantive assumption）：子どもはある出来事の原因がほかの特別なタイプのものを引き起こすと、自動的・無意識的に解釈し結論を下す。たとえば、飲み込んでいる食べ物 → 吐き気を起こす、衝突しているボール → 2つ目のボールが動く、意図 → 行動、結果は原因に先立つことはできないなど。実質的な仮定のある部分は生得的である。のちの因果推論の手助けになる。

B. 形式的な因果推論の仮定（formal causal assumption）：子どもは、なんらかの出来事の相関関係から、介入しながら因果関係を明敏に推論できる。それはベイズネット（Bayes nets）と似ている概念である。

Gopnik は子どもはこの2つの仮定ができ、日常的な観察をして印象的な変化や効果的なものから新しい種類の因果関係と構造について学んでいる。文章を読む時は、複雑な音声や構文を無意識のうちに統計処理しているのだと述べる。

Gopnik は《子どもはいかに世界を変えるか》の問題について、子どもや幼児期の研究からヒントが得られるとして『The Philosophical Baby』（邦訳 2010）にも、世界の変革につながる心を、子どもがどんなふうに発達させていくのかを探る実験や見解を述べている。その中で、子どもや幼児期の研究から、人間には生まれつき因果学習のメカニズムが備わっていて、周囲を観察し、反応から手がかりを得て、因果マップ（Causal Maps）を描き、それを使って

新しい可能性を思い描き、絶え間なく世界像を更新していると提案している。また、子どもは、心情、欲求、情動、そして認識と関連させている原因、心理的な因果関係も熱心に学ぶ。小説に描かれるような人間心理の機微まで理解するようになると述べている。

因果マップとは、人の脳に作られる認知地図とは別の地図で、出来事の間の複雑な因果関係を表した地図であり、因果の解決に重要な役割を果たすとしている。これは、数学的に記述され、正確な予測や介入を行ったり反事実を生み出したりできる、「因果グラフィカルモデル」（ベイズネット）と呼ばれるものと同じで、赤ちゃんの時から使用している。たとえば具体的に示すと、

    1   Z（パーティ）→ X（ワイン）→ Y（不眠症）
（パーティがワインを飲む原因である。それが不眠症の原因となる）

    2   X（ワイン）← Z（パーティ）→ Y（不眠症）
（パーティはワインを飲む原因となる。また、不眠症の原因となる）

不眠症を直したければ、1の場合ワインを飲まない、2の場合パーティに行かない、となる。

さらにGopnikはHarris等（Harris, German, &Mills, 1996）による研究にも見られるように、因果関係の思考と表裏一体にある反事実を思い描く反実仮想〈もし……だったら……だったのに〉が、世界に働きかけ可能世界を描く手がかりとして重要だとしている。

Gopnikの研究から、物語理解においても、子どもを理解し作品についての理解を深めるうえでも、子どもの因果推論を探ることが重要であると考える。因果マップや2つの制約について、物語理解において適用できるだろうか。それらはどのように表れてくるだろうか。

（3）Piaget, J.の研究（Jean Piaget, 1896 ～ 1980）

Piagetに因果性に関する研究がある。Piagetの因果性とは、Piagetを直接引用すれば「因果性とは、私たちの操作を、相互に影

響しあっている操作子としての対象に付与することになるはずです」ということになる（高取, 1995）。

　Piagetの研究は〈なぜ〉という質問を使った物理的研究や、〈〜だから〉〈したがって〜〉〈〜だけれど〉を使って文章を完成させる研究である。Piagetの児童の世界観の研究は、子どもがその認識生活のすみずみまで、一貫して、基本的に因果的説明に向かって定位しているということからの因果性の研究でもある（Flavell, 訳1970）という。Piagetはまた因果性の発達段階説を唱える。

　Piaget（1927, 訳1971）によれば、子どもの因果関係には17個もの型が見いだされ、17個の型がいったん区別されれば子どもの因果性の発達に3つの主要な時期を確立することができるという。

第1期（7〜8歳まで）

前因果性

　第1の型　心理的因果性の型（因果的であり、動機型である）

　第2の型　純粋な目的性の型（神の計画、意志的・意識的努力という概念）

　第3の型　現象論的因果性（2つの事実が近くに一緒に与えられると因果関係があるとみなされる）

　第4の型　とけこみによる因果性（2つの事物は共通な何かを持っている。両者は互いに遠隔作用を及ぼすことができる）

　第5の型　魔術的因果性（主体は自分の身振りや思考、自分が手にしているものには魔力があると思う）

　第6の型　精神的因果性（運動特性をその必要性によって説明する）

第2期（同じく7〜8歳まで）

　第7の型　人工論的因果性（出来事や対象は、人間の製造活動の産物とみなされる）

　第8の型　アニミズム的因果性（形態の存在は意識であると同時に生命である内的な生物学的傾向によって、説明される。人工論的因果性の捕足）

第9の型　力動論的因果性（アニミズムが除去されたあとでも事物の能動性または運動を説明できる力が残っている）

第3期（7〜8歳から11〜12歳まで）厳密な意味での因果性が表れる

第10の型　周囲の反作用による因果性（最初の物理学的説明。周囲の反作用は連続性と接触の必要性の出現を前提としている）

第11の型　機械論的因果性（接触と運動の伝達とによる説明）

第12の型　発生による因果性（物体が別の物体を生じさせる。アニミズム的なうえに物質の変質という概念が加わる）

第13の型　実体的同一視による因果性

第14の型　圧縮と希薄化（物体の物質は圧縮されたり希薄化されたりする）

第15の型　原子論的構成の型（物体は多かれ少なかれ引き締められた、または分散させられた諸分子でできている）

第16の型　空間的因果性（円錐形の影はパースペクティブの観念に基づいている。個体の沈下による水位の上昇の説明は沈んだ物体の体積による）

第17の型　論理的演繹による因果性（10〜11歳以降広がっていく）

（　）内は筆者による要約

　因果性の発達過程に3つの特徴がある。第1の過程は、自我と世界との混同、次に漸次的分離、因果的シークエンスの客観化。第2の過程は因果性に特有のものである。時間系列の構成である。第3の過程は、可逆的系列の漸次的確立である。不可逆性から可逆性へ不断の発達がある。

　そして、はじめの3段階説（1927）を後にGarcia（Rolando Garcia）と共に3段階説（1971）に改める。Piaget & Garcia（1971）は、因果性の発達と操作の発達の平行的、相互作用的発達を主張した（永盛，2008）。Piagetの認知発達4段階説と併記してみる。

表1. 年齢と段階区分の対応

年齢	Piaget & Garcia（1971）の因果性発達段階
7，8歳まで	前操作的因果性（第1段階）
7，8歳から11，12歳まで	具体的操作的因果性（第Ⅱ段階）
11，12歳から	形式的操作的因果性（第Ⅲ段階）

（永盛，2008より抜粋）

表2. Piagetの認知発達段階（岡林，2010）

感覚運動期（誕生～1歳半，2歳）
　感触によって知る。反射的運動。
前操作期（1歳半，2歳～6，7歳）
　言葉の獲得に伴ってイメージがわかり始める。
　関係のないものを結び付けたりする。
具体的操作期（6，7歳～11，12歳）
　ある程度論理的に考えられるようになる。
　具体的な物があるとよいが，抽象的になると考えにくい。
形式的操作期（11，12歳～）
　目の前にないものでも論理的に考えられるようになる。
　もし～ならば～である（if-then-else）思考も可能。

　因果関係の認識の起源は感覚と運動の中に潜んでいるとみなすとするPiagetに対して、生得的であると前因果性についてはGopnik（2004）は反証されているとしている。

　Piagetの因果性の理論は主として物理的実験からのものであるが、以上のようなPiaget理論が、物語理解過程にどのように現れてくるだろうか。一人の人間の認識は多くの領域が統合された全体構造であると考える。対象（作者の目を通して描かれた物語）に働きかけ（能動的に）自らの認識を構築していく物語理解においても、思考の仕方等はPiagetの理論との関連性において発達していくと思われる。Piagetの発達段階理論もよりどころに、児童期の読み聞かせによる物語理解においての因果的思考の発達について考えてみた

い。

（4）読み聞かせの実践研究

　物語体験への誘い役として近頃活発に行われている読み聞かせは、読み手（以下語り手と記す）と聞き手との間にある本の文字言語を語り手の声にのせ、音声言語に変えて聞き手に届ける行為である。聞き手は、順に頁が繰られていく本を目で見ながら、耳から音声になった言葉と絵がある場合はそれも見ながら聞く。飛ばしたり、読み間違えたりということがなく、声の持つ力によって臨場感が高まり世界が生き生きとしてくるので、理解をより可能にする。この「読み聞かせ」は本研究においては前提条件とする。素材の物語は2日間の時間連続の中で起こる出来事とその前後の様子が描かれているが、読み聞かせでは約30分で読み終わる。しかも、語り手のペースで進行するので、聞き手は短時間のうちに内容を理解していかなければならない。特に集団では、文章読解のように時間をかけて何度も読み直しながら理解していくことの可能性は少なく、内容を瞬間的に捉えながら物語を理解していくことになる。読み聞かせにおける因果関係・因果的思考を中心とした研究事例はあまりなく、保育園児、児童、生徒への読み聞かせの実践40年間の記録『実践記録集』（山梨子どもの本研究会，1972～）を分析してみた（表3，資料）。それによると読み聞かせによる物語理解過程において、児童期の子どもたちは学年を問わず随所で因果関係をとらえ疑問を持ったり、感動したりしていて、実践研究からも〈なぜ？〉を持って子どもたちは物語に臨んでいるということが捉えられた（表3）。

　表中＊の発言は自由発言である。『けんか』における「スクールバスにのったらほかの子の席にいっちゃうし」と読まれると「なんでいっちゃうの？」と即座に反応している。次のページに移ると「前のページできらいっていったわけがやっとわかった」と、自分なりにその原因をさがし当てている。この話は、最後に原因が語ら

表3 読み聞かせ中の自由発言にみられる因果的思考例

書名	学年	場面	自由発言
『つきがみていたはなし』 　森 比佐志　作 　こぐま社　1979	1	動物が橋がないと気が付く	＊だから動物たちが来なかったんだ
『けんか』 シャーロット・ゾロトウ 文 童話屋　1997	1	スクールバスにのったら他の子の席へ行っちゃうし	＊なんでいっちゃうの？ ＊前のページできらいっていったわけがやっと分かった
『ぶらぶらばあさん』 　馬淵公介　作 　小学館　1969	1	「だめじゃ」なぜかおばあさんは魔法を使ってくれません	＊なぜ使わないの？ （次ページ）そうか、その手があったのか
『どろんここぶた』 アーノルド・ローベル作 　文化出版局　1971	1	だいきらいなものがありましたほら、ぶたごやにまた	＊わかった、そうじきだ。すっちゃったもん ＊しらなかったんじゃあない。おばさん、きれいずきだから
『ロバのシルベスターとまほうの小石』 ウイリアム・スタイグ作 　評論社　2006	特別支援2	二どとむすこにあえまいと、話しあいました	＊なんか元気ない。（シルベスターが）帰ってこないからお母さんかなしくってないちゃった

れているのだ。

『つきがみていたはなし』でも動物たちが来なかったのは橋が壊れていたからだとお話が進んで原因がわかり「わかった！」と歓声を上げている。現実世界では「原因」→「結果」と流れるのだが物語の中では逆に語ることが可能であるから、子どもを不思議がらせる。

　しかしまだ全員の子どもたちが物語の因果関係を把握しているの

かや、質的変化については検証されていない。

3. 目的

「内部でどのようなプロセスを経ながら物語を理解しているのか、そして自分なりの理論を持つのか」。これは、読み聞かせをしている時の子どもたちの様々な反応から抱いていた課題であった。本研究はこの課題解明に向けて行われる。

研究の中心を、読み聞かせにおける因果的思考に設定した。設定の理由は、

(1) 子どもたちは「なぜ？」といつも不思議を思う心、探究心、好奇心を持っている。

(2) 物語は、出来事と出来事が連鎖し、因果的構造を持っている。

(3) 先行研究は、因果的思考は変革の中心であると示唆している。

である。

研究を進めるに当たり、耳から入ってくる情報による心的イメージの世界において、

(1) 瞬時に因果的思考が行われているか。どの子どもも行っていることなのか。

(2) 因果的思考は年齢により質的に変化しているのか。それはどのように変化するのか。何が変化の要因なのか。

を具体的目標として、物語理解過程において叙述が少なく子どもたちに自由な推論が任されている場面を捉えて、あるいは設定して子どもたちの反応から解明していく。ここでは、主として原因についての因果的思考を取り上げる。また、因果的思考と表裏一体として行われ、可能世界を描き未来を予測するという反実仮想も捉えていく。年齢は学年ごとの区分として見る。研究は小学校1年生、2年生、5年生、6年生の児童を対象にして行う。

Ⅲ. 実験

1. 目的　◎読み聞かせによる物語世界で因果的思考がどのように行われるかを探る。

・読み聞かせによる物語理解において、因果関係の把握・因果的思考を捉える。

・因果的思考の学年差（年齢）による質的な変化・発達を探る。

2. 課題　・作品の中での重大な場面で、因果的説明が省かれている部分で因果的思考がどのように行われるか。

・因果関係が瞬間的に捉えられるか。それは、全ての子どもなのか。

・多要因一結果型の原因の思考ができるか。

・反実仮想が行われるか。

3. 素材　・物語絵本『グレイ・ラビットのおはなし
　　—第1話—　スキレルとヘアとグレイ・ラビット』
　　Alison Uttley作　Margaret Tempest絵
　　石井桃子・中川李枝子訳　岩波書店

| 取り上げた理由 |

①　お話の骨格がしっかりしていて4、5歳の子どもにも理解できる。作品に一種の浄化作用がある（瀬田，2003）。浄化作用（カタルシス）をより高度でより人間的な真実の解明という（Vygotsky, L.S., 1922, 訳2006）。芸術作品の持つ浄化作用についての前記2人の主張を踏まえ、さらに、本実験の対象学年の最年少の1年生にも理解可能であることから。また、劇的な出来事が因果連鎖をなしており、明確さと素早い展開が子どもたちを飽きさせないと思われる。

②　動物を擬人化した空想物語であり、因果関係は現実世界と異なる部分があり、面白さや、不思議を感じるであろう。また、フィクションであっても現実世界を投影しているので深層で相通ずるところがあるだろう。

③　絵は少なく、語りから得られる情報が多くある。

④　主人公の葛藤場面において、聞き手の推論が予想される。

あらすじ

　森のはずれの一軒家で、働き者のグレイ・ラビットは、うぬぼれやの野兎のヘア、いばりやのリスのスキレルと一緒に暮らしている。ニンジンを食べたいというヘアに応じて畑にとりに行くが、お百姓さんに追いかけられ、自分たちでニンジンを作ろうと決心する。ニンジンの作り方を聞きにフクロウのところへ行き、「代わりにしっぽをもらおう」と言われあげてしまう。ラビットの留守中、ヘアとスキレルは恐ろしいイタチに捕まり、家に戻ってきたラビットが救い出しに行く。2人は、いつも威張ったりわがままを言ったりしていたことを反省して、みんないっしょに幸せに暮らす。

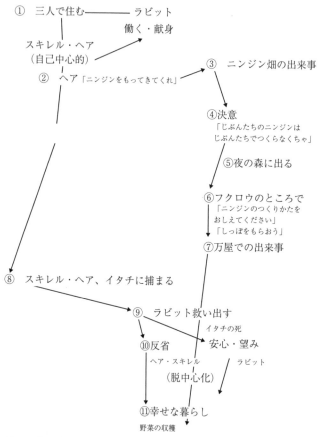

因果関係図

① 三人で住む――――― ラビット
　　　　　　　　　　　働く・献身
スキレル・ヘア
（自己中心的）
　② ヘア「ニンジンをもってきてくれ」

③ ニンジン畑の出来事

④決意
「じぶんたちのニンジンは
じぶんたちでつくらなくちゃ」

⑤夜の森に出る

⑥フクロウのところで
「ニンジンのつくりかたを
おしえてください」
「しっぽをもらおう」

⑦万屋での出来事

⑧ スキレル・ヘア、イタチに捕まる

⑨ ラビット救い出す

⑩反省
ヘア・スキレル
（脱中心化）

イタチの死
安心・望み
ラビット

⑪幸せな暮らし
野菜の収穫

図1　物語全体　因果関係略図

因果的思考 その1

　フクロウとの会話場面までの因果分析図は、物語全体の因果関係
略図の図1及び図2のようになる。

「あげましょう」までの流れは②→③→④→⑥となる。さらに⑥のフクロウとグレイ・ラビット応答場面は⑥—1→⑥—2→⑥—3→⑥—4→⑥—5→⑥—6→⑥—7→⑥—8→⑥—9→⑥—10→⑥—11となる直線型である。

⑥—1　カシの木につきました。

⑥—2　白いハンカチをふると

⑥—3　フクロウは、うなずきました。

⑥—4　「かしこいフクロウさん。」「どうしたらおひゃくしょうのはたけのような畑のニンジンをつくれるのか、おしえてください。」

⑥—5　「おしえるかわりに、何をくれる？」

⑥—6　「あら！　あたし何も、もってません。」

⑥—7　「いや、もっている。」

⑥—8　「そのしっぽをもらおう。」

⑥—9　「あたしのしっぽ？」

⑥—10　「そうだ、おまえのしっぽだ。よこさなかったら、たすけてやらぬ。」

⑥—11　「あげましょう。」

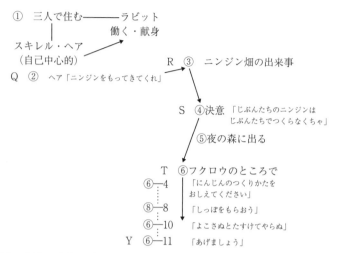

図2　フクロウとの会話までの因果関係図

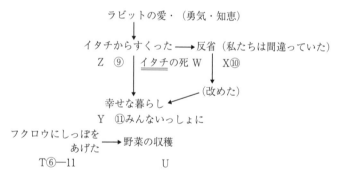

図3　幸せな暮らしまでの因果関係分析略図
＊英字は後出の因果マップに対応

4. 方法

(1) 学級集団へ物語の読み聞かせを行う。「なぜ？」または「どうして？」の質問を問う。

(2) 読み聞かせに介入する（ストップする）。「なぜ？」「どうして？」「わけは？」の発問を設定する。次の条件を満たすところで読みを停止する。

　　・劇的な場面のうち主人公ラビットの葛藤が大きく、子どもたち自身の推論が多く行われると予想できる。

(3) 具体的方法

1) 因果的思考場面その1を、フクロウにニンジンの作り方を聞きに行った時のラビットとフクロウの応答場面とする。

a. 瞬間的因果関係の把握を見るため、ストップして2分以内で回答。

b. さらに時間と討議を保障し、心情を考える発問をして問題の意識化を図る。原因究明において情報を多くし、自分の思考を深めるだろうとの仮説のもと学習形態を個―全―個とし検証する。

c. 言語表現によって思考を捉えるため、質問紙の記述内容から因果的思考を探る。

d. 構造上は直線型A（原因）→ B（結果）

e. 発問は「なぜ？　どうして？　わけは？」を使い、質問紙自由記述によって回答する。

　　質問①「あげましょう」といったのは、どうしてかな？

　　質問②フクロウが「そのしっぽをもらおう」とか「よこさなかったら、たすけてやらぬ」といったとき、ラビットが考えたこと、うかんだことは全部書いて。

　　質問③もう一度、「あげましょう」といったのはなぜか書いてください。

　　　あなたは、どうしてそう思ったのですか。

f.発問の意図

①の質問　時間経過による忘却と他の人の思考の影響を回避して個人の思考を捉える。

②の質問　「あげましょう」の心境に至るまでの心を考える。臨場感ある場面であり、子どもたちが多様に思考するであろう。

③の質問　もう一度、個に戻って友達の考えも参考にしながら原因を結論づける。

2）因果的思考場面その2として全文読み終えたところで発問を設定する。

a.　全体の流れから終末部分「みんなは、いっしょにしあわせにくらし」の場面をどのように捉えるか。人間の永久的課題「幸せ」についての追究は意味あることである。

b.　構造上は、多要因一結果

c.　発問①お話のはじめのころは、みんなでしあわせにくらしていた？　どうしてそう思うの？

　　②ア　なぜ、みんなは、いっしょにしあわせにくらせるようになったと思う？　かんがえられるだけ言ってください。（わけという言葉を使ってもよいです）

　　　イ　どうしてそう思うの？（一つ一つについて）

　　③　もし、ヘアとスキレルが反省しなかったら？

d.　発問の意図

①の質問　物語のはじめの三人の暮らしの状態を思い起こす。

②の質問　幸せになったことの因果的思考を捉える。

③の質問　原因に反実の介入をして結果をどのように予測する

かを捉える。

　発問に対する回答はインタビューによる。6年生は質問紙への
　記述による。

3）2つの場面の他にも、全体の流れの中で因果関係をどのよう
に把握したかを劇的場面で捉える。

4）被験者と出会いの方法、回答方法

表4　被験者学年人数・回答方法・場所

被験者	人数	出会いの方法	回答、質問紙、インタビュー	読み聞かせ	インタビュー場所	語り手とインタビュアー（計）
小学校1年生 年齢6〜7歳	20	読み聞かせ	観察　質問紙 インタビュー	教室	図書室	2名
2年生 年齢7〜8歳	19	読み聞かせ	観察　質問紙 インタビュー	教室	図書室	4名
5年生 年齢10〜11歳	21	読み聞かせ	観察　質問紙 インタビュー	教室	図書室	4名
6年生 年齢11〜12歳	21	読み聞かせ	観察　質問紙	教室 (読書会)	/	1名 (筆者)

　　　　　　　　　　　　　　　　　　　（　）は後日の実践

　読み聞かせは語り手（教師）が一度だけ行う。

Ⅳ. 結果

1. 読み聞かせ過程における語り手と子どもの活動

表5 『グレイ・ラビットのおはなし』実践活動　2年生

流れ	語り手の活動	子どもの活動
導入 5分	・物語を聞いている時どんなことを考えているのか知りたいので、自分の考えを楽な気持ちで出してください。 ・なぜなぜを出しますよ。 ・今日の物語は、アリスン・アトリーが書きました。 今日はこの本です。 ・なぜ？	・なぜなぜ？　何、それ ・『チムラビットのほうけん』作品思い起こし ・題名「グレイ・ラビットのおはなし」をみんなで読む 表紙絵に…お母さんみたい 洗濯物干してる。エプロンしてる。
15分 20分	1. 物語を読む 　　前半部分 　～はやくすませてください」 2. 質問と話し合い ○因果的思考を探る　その1 ①『あげましょう』といったのはどうしてかな？ 　　紙を配り名前を書いてから2分で書く ②フクロウが「そのしっぽをもらおう」とか「よこさなかったらたすけてやらぬ」と言った時ラビットが考えたこと 　　・1人で考える5分（いくつでも）書く。（原因究明） 　　・みんなで出し合う（11分）どうしてそう考えたかも（討議により更なる原因究明） 　　・考えたことをみんなに教えてあげてください。―板書―	・別紙分析表による表層心理および深層心理による聞き取り ・自由発言や表情などによる反応 静かに聞き入る 　　イタチの言葉…背筋ピンと 　心臓ドキンドキン…顔見合わせ 「あげましょう」…顔見合わせ ・因果的思考を中心に考えを出す―フクロウとのやり取りの場面 ・フクロウが「しっぽをもらおう」「たすけてやらぬ」といったから他〈別記〉 ・いやだなあ他〈別記〉 ・スキレルとヘアのために考えた ・みんなのためにがんばってしかたなくあげるっていってしかたないと思っています ・スキレルとヘアがかわいそう ・しかたなくがまんした

5分	③もう一度、「あげましょう」といったのはなぜか書いてください。(2分)どうしてそうおもったのですか？	
	③もう一度書く（2分）	
	3. このあとラビットはどうなるんだろうね？	・静かに聞き入る 100本も…えっ？ どのようにして、しっぽを…えっ？
15分	〈休憩〉	
	4. 物語を読む 後半部分	・クライマックスの部分を中心に考えを出す―みんないっしょにしあわせにくらしの場面
8分	5. 話し合い	・仲良し
	・みんなは、いっしょにしあわせにくらしというのはどんな暮らしだったのかな。どんな暮らしになったのか考えてみよう。	・いばらなくなった ・野菜もよくできる ・ニンジンがよく取れてかぞくでよろこぶ
	5. 知りたい、考えたい、面白かったというところがありましたか？	
20分	6. 質問紙、感想、別紙 同時進行インタビュー	インタビュー〈別記〉
1人3分	○因果的思考を探る　その2	はい　　　　いいえ
	①はじめはしあわせだった？なぜそう思うの？	
	②なぜみんなは、いっしょに、しあわせにくらせるようになったのだろう？ いくつでもいいよ。 考えたことはみんな言って。 どうしてそう思うの？	・助けてもらったから ・イタチがいなくなったから他（別記）
	③　もし、反省しなかったらどうだろう？　反実仮想を探る	・元のまま
	同時進行　劇的な場面の因果的思考を探る　質問紙	・質問紙に書く
終末2分		
	次章へ期待を持たせる。	

＊表層心理：作品そのものに沿って解釈し聞く
　深層心理：聞き手自身の持つ深層に潜む心理で聞く

2. 観察から

読み聞かせ時における子どもたちの反応

2年生　絵本の表紙を見せるなり、「お母さんみたい」の声があがる。「どうしてそう思うの?」の教師の発問に「お洗濯物を干している」「エプロンしているから」と答える。「グレイって、いろ?」の発言もあり、読みに入ると黙ってよく聞き入っていた。フクロウとのやり取りが始まると真剣な表情、顔を見合わせる子も。

5年生　物語の世界に引き込まれている様子で終始絵本を注視。無言だがグレイ・ラビットがしっぽを切られる場面では表情が曇る。カナリアの種をまいてというところで笑う子どもあり。ラビットがヘアとスキレルを救い出す場面は真剣な表情。身を乗り出す子が多くいた。幸せに暮らす最後の場面で表情が明るくなる。

3. 因果的思考　その1
ニンジンの作り方を聞きに行った時のラビットとフクロウの応答場面—質問紙の回答から

(1) 前半15分の読みを終えて質問紙に入る

①の質問により、フクロウとの応答の場面の瞬間的な因果的思考を探る。

前半をストップしてから2分間で記入を終える。

表6　質問①「あげましょう」といったのはどうしてかな?　の回答数

回答有無	1年生 n = 20	2年生 n = 19	5年生 n = 21	6年生 n = 21	合計 n = 81
回答あり	17　(85.0)	17　(89.5)	18　(85.7)	17　(80.9)	69　(85.1)
回答なし	3　(15.0)	2　(10.5)	3　(14.3)	4　(19.0)	12　(14.8)

n：人数　(　)　内%

＊子どもたちの質問①②③の記述内容は表11 (p.45)

（2）心情を考え、時間確保と討議の後の因果的思考

②の質問　フクロウが「そのしっぽをもらおう」とか「よこさな
かったらたすけてやらぬ」といったときラビットが考えたこと、う
かんだことは全部書いて（5分）

③
あなたは、どうしてそう考えたのですか？

もう一度、考えて「あげましょう」といったのはなぜか書いてください。

②
フクロウが
「そのしっぽをもらおう」とか
「よこさなかったら、たすけてやらぬ」といったとき
ラビットが考えたこと

うかんだことは全部書いて

①
「あげましょう」といったのはどうしてかな？

ラビットのこと

年　名まえ（　　　　）

図4　質問紙

全体発表　5年生

・あげたくない。（なんでしっぽがほしいのか。）
・フクロウさん、けちだな。
・野菜がいっぱい食べたいからあげてもいいかな。
・ヘアとスキレルがキャベツばっかじゃいやと言っていた。
・おしえてくださいよー。

②の質問によりラビットの心情を考える（5分）→集団思考（11分）を経て再び個での思考

表7　質問③　もう一度、「あげましょう」といったのはなぜか書いてください。の回答数

回答有無	1年生 n = 20	2年生 n = 19	5年生 n = 21	6年生 n = 21	合計 n = 81
回答あり	17 （85.0）	18 （94.7）	21 （100）	21 （100）	77 （95.0）
回答なし	3 （15.0）	1 （5.3）	0 （0）	0 （0）	4 （5.0）

n：人数　（　）内%

回答なしの子どもについて
　1年生　①③ともに無は2人　　2年生　ともに無は1人

（3）原因の分類
言葉、内容の共通性で分類すると、次のように分けられた。
　○フクロウがおしえるかわりに、しっぽをもらおうと言ったから
　○フクロウがよこさないと助けないと言ったから
　○ヘアが「にんじんをもってきてもらおう」と言ったから
　　　威張って言った
　　　採れたてのニンジンが食べたいと言った
　○みんなのため、食べさせたい、よろこばせたいから言った
　○自分たちのものは自分たちで作らなくちゃと決心したから
　○畑に行くのは悪いこと。盗まないで（悪いことをしないで）
　すむから
　○命がしっぽより大切
　　　畑に行けば命をなくすかも
　　　途中でイタチにおそわれるかもしれない
　○その他　回答なし、分類できない

表8　①「あげましょう」といったのはどうしてかな？　の分類別回答数

項目	1年生 n＝20	2年生 n＝19	5年生 n＝21	6年生 n＝21	合計 n＝81
よこさないと	3（15）	2（10.5）	2（9.5）	3（14.2）	10（12.3）
おしえるかわり	8（40.0）	8（42.1）	4（19.0）	3（14.2）	23（28.3）
ヘアが言った 威張って言った	0（0）	0（0）	2（9.5）（1人）	0（0）	2（2.4）
みんなのために	0（0）	2（9.5）	7（33.3）	4（19.0）	13（16.0）
自分たちでニンジンを作りたい	6（30.0）	5（26.3）	3（14.3）	7（33.0）	21（25.9）
命が大切	0（0）	0（0）	0（0）	0（0）	0（0）
その他（回答なし、分類しがたい）	回答なし3	回答なし2	3	4	12（14.8）

n：人数　（　）内％

②フクロウが「しっぽをもらおう」「よこさなかったら、たすけ
　てやらぬ」といったとき、ラビットが考えたこと

③もう一ど、しっぽを「あげましょう」と言ったのはなぜか書い
　てください。どうしてそう思ったのですか？

表9　②③の分類別回答数

項目	1年生 n＝20	2年生 n＝19	5年生 n＝21	6年生 n＝21	合計 n＝81
よこさないと	6（30.0）	2（10.5）	1（4.8）	4（19.0）	13（16.0）
おしえるかわり	5（25.0）	2（10.5）	2（10.5）	2（9.5）	11（13.5）
ヘアが言った 威張って言った	0（0）	0（0）	0（0）	0（0）	0（0）
みんなのために	0（0）	10（52.6）	16（76.2）	3（14.2）	29（35.8）
自分たちでニンジンを作りたい	5（25.0）	5（26.3）	2（10.5）	6（28.5）（悪い1）	18（22.2）
命が大切	0（0）	0（0）	0（0）	6（28.5）	6（7.4）
その他（回答なし、分類しがたい）	回答なし3 判読しがたい1	回答なし（1） 聞き直し（友達のため）	0	0	4（4.9）

n：人数　（　）内％

（4）反実仮想

　反実仮想（counterfactual thinking）とは現実世界と異なる、起こる可能性も考えられる世界を描くこと（Gopnik, 2009, Harris, 1996）（『哲学する赤ちゃん』2010）である。取り上げた物語は空想物語なのでそこで想像することは仮想になるわけだが、ここでは物語世界の中での反実仮想である。

フクロウとのやり取りの場面（方法：質問紙）

①の質問「あげましょう」といったのはどうして？　の回答に見られる反実仮想

例：5年生

　　・（あげれば）おいしいニンジンの作り方を教えてくれるから

　　6年生

　　・少し痛くてもニンジンを作るようになれば、ヘアに文句を言われないですむから

②③の質問の回答に見られる反実仮想

　　2年生

　　・おしえてくれればともだちのうさぎがあんまりえばらなくてすむから

　　・あげるとじぶんのしっぽがなくなっちゃうからやだな

　　・もし、ラビットがじぶんだったらしっぽはあげたくないなとおもったから

　　5年生

　　・（ニンジンを）家で育てればヘアにたくさんニンジンがあげられるし、畑のものをとらなくてすむから

　　6年生

　　・しっぽをあげてニンジン畑を作れば、いつでも食べられるから。みんなで食べたりできるから

・自分で作れば盗まないで、悪いことをしないですむから

表10　原因推論における反実仮想の、回答記述に見られる人数

項目	1年生 n = 20	2年生 n = 19	5年生 n = 21	6年生 n = 21	合計 n = 81
①　あげましょう	1 (5.0)	0 (0)	1 (4.8)	1 (4.7)	3 (3.7)
②　③もう一度	3 (15.0)	4 (21.1)	2 (9.5)	4 (19.0)	13 (16.0)

n：人数　（　）内%

(5) 因果マップ (Causal Maps)

　前記のように、Gopnikらの主張は、自分の住んでいる世界のどこに何があるかを写した海馬に作られる認知地図とは別の、出来事の複雑な因果関係を表した脳に作られる地図として因果マップがある、というものである。たとえば、食べる → 大きくなるとか、特定の食べ物 → 吐く、たばこを吸う → 肺がんになる、ワインを飲む → 不眠症などというような。このようにコード化された知識はわれわれの周りの世界との相互作用によって学ばれる。そして、それは絶えず更新されているという。数学的記述をしたり介入を行ったりするBayes Netのように因果マップを作り使用していると提案している。Gopnikらの提案から因果マップの概念をもう少し探り出してみる。

○因果関係についての学習は2～4歳の子どもにもできることを、
　実験により確証を得た。
○動物は自身の行動の出来事について情報を結合するが、人間に
　ついては観察によっても因果関係を知る。
○因果関係の決定に際して、観察されないかもしれない可能情報
　としていくつかの要因について推論をするであろう。

○世界の因果構造を学習して、出来事の間の因果関係の表象として因果マップを組み立てるであろう。

○因果マップは因果関係をX $\overset{原因}{\rightarrow}$ $\overset{結果}{Y}$のようにコード化して知識として蓄積していくだろう。

○子どもは、そのメカニズム学習のために装備されている。

○メカニズム学習には強いタイプの因果推論をしている。

○因果関係を発見するために二つの違った実質的な仮定と形式的仮定が手助けとなり制約としてはたらく。

その提案のように子ども一人ひとりが物語から描いたであろう因果マップを反応に従って表してみた。因果的思考その1を（表11、p.45）に、その2を（表15、p.52）に表した。

　ベイズ・ネット（Bayes Net）：原因と結果を簡単な図で表現し確率的な現象の推移をグラフィカルに表現する（涌井，2012）。
　　　　　　　　　　　　　　　Thomas Bayes（1702 ～ 1761）によって発見されたベイズの定理をもとに構築されている。

（6）因果的思考と因果マップ

　1年生の子どもは下図のようにして因果マップX → Y（本研究
ではXをSとして表示S → Y）を描いたと考えている。

②の質問の回答

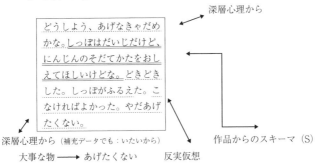

深層心理から

どうしよう、あげなきゃだめ
かな。しっぽはだいじだけど、
にんじんのそだてかたをおし
えてほしいけどな。どきどき
した。しっぽがふるえた。こ
なければよかった。やだあげ
たくない。

深層心理から（補充データでも：いたいから）
　　大事な物 ⟶ あげたくない　　　　反実仮想
　　実質的仮定（因果関係）　　　　（こなければこんなことにはならなかったのに）

作品からのスキーマ（S）

以上までが原因判断への個人の情報集め。
この間に全体発表を聞く。情報の加味。

③の回答　子どもの説明"にんじんばたけをつくりたいから"

原因《にんじんばたけをつくりたい》　　X（S）

結果　　　「あげましょう」　　　　　　Y

因果連鎖上は（p.30、図2）

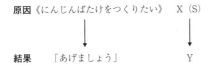

ヘアがいった　　おいかけられ　　畑をつくりたい　　フクロウにきく　　あげましょう
Q ⟶ R ⟶ S ⟶ T ⟶ Y

　　だが、子どもはSしか触れていない。したがって　S → Y　と考える。

図5─1　1年生の子どもの因果マップの例

5年生の子どもは下図のようにして因果マップを描いたと思われる

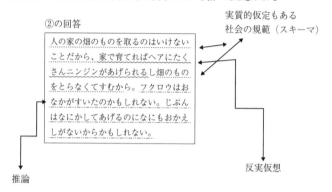

②の回答

> 人の家の畑のものを取るのはいけないことだから、家で育てればヘアにたくさんニンジンがあげられるし畑のものをとらなくてすむから。フクロウはおなかがすいたのかもしれない。じぶんはなにかしてあげるのになにもおかえしがないからかもしれない。

実質的仮定もある
社会の規範（スキーマ）

推論

反実仮想

③の回答　子どもの説明

　　　"ラビットは人のためになるとてもやさしい人だから"（作品上からのスキーマ）

　　　　　原因《スキレル・ヘアのためなら我慢する》X（Q）

　　　　結果　「あげましょう」

　　　　　　　　　　　　　　　　　　Y

　　　　・Qでヘアがニンジンを持ってきてくれと言っている
　　　　・ラビットは優しい（作品上のスキーマ）
　　　　・畑でとるのはいけないし
　　　　・家で作ればたくさんニンジンがあげられるし（反実、可能世界）
　　　　・あげるものはないかも
　　　いくつもの要因　　統計的な判断　帰納的推論　形式的仮定の制約

$$Q \rightarrow Y$$

図5—2　5年生の子どもの因果マップの例

（7）因果的思考その1

表11 「あげましょう」回答と因果マップ一覧表 　　　（各学年とも　抜粋）

児童	①「あげましょう」といったのはなぜ？	因果マップ	②ラビットが考えたこと	③もう一度、なぜ？	どうしてそう考えた？	因果マップ
1年生	にんじんをほしかったから。	T⑥—4→Y	やだった。みみがふるえる。こわかった。しんぞうがぴくぴくした。びっくりしてこわかった。	にんじんをほしかったから。	ほしいとおもったから。	T⑥—4→Y
1年生	にんじんがほしかったから。	T⑥—4→Y	かなしいきもちだった。かなしかった。こころがふるえました。びっくりしました。	（ふくろうがこわいから）後日談	あげないとこわい目にあう。	（T⑥—10→Y）
2年生	にんじんのつくりかたをおしえてほしいから。	T⑥—4→Y	かなしいから。にんじんのつくりかたをぜったいおしえてほしいから。あとスキレルのためにあげましょうといった。	①　に同じ	ヘアとスキレルのため。	Q→Y
2年生	にんじんをつくるほうほうがわからないから。	T⑥—4→Y	ともだちのうさぎがほしいっていったから。ふたりをたすけてあげたいから。いつもレタスでかわいそうだから。	にんじんがほしいから。にんじんがたべたいから。ヘアとスキレルもほしいっていってるから。		Q→Y
5年生	ヘアに「絶対持って来い」といわれたから。	絶対Q→Y	・あげるからたすけて！・でも、しっぽはちょっと…・教えてくださいよ…・ヘアのためにしっぽをあげるしかないのか…・しっぽも大事だけど、ヘアやスキレルのため	ヘアやスキレルのため。	グレイラビットはヘアやスキレルのためにつくしたいと思っていると思うから。	ヘアのためQ→Y

児童	①「あげましょう」といったのはなぜ?	因果マップ	②ラビットが考えたこと	③もう一度、なぜ?	どうしてそう考えた?	因果マップ
5年生	グレイ・ラビットはスキレルとヘアのためにニンジン畑を作ろうとしたから。	S→Y	こまっていると思う。スキレルとヘアのためにしっぽをあげようと思った。	スキレルとヘアは、いつもきげんがわるいから、ニンジンを食べさせて楽しい気持ちにさせようと思った。	グレイラビットはとてもこころやさしいうさぎだから。	Q→Y
6年生	ヘアがニンジンを食べたいといったけどとってこれなくて責任があると思ったから。	Q→Y	しっぽをあげるのは痛いからあげたくない。ニンジンの作り方を知るためにあげようか。	百姓のところへ行ってニンジンを盗むよりもフクロウに作り方を教われば安心とおもったから。	また、百姓のところへ行って危険な目にあいたくないと思ったから。	R→Y
6年生	お百姓のところへ行ってニンジンを取るとひどい目にあうから自分の家でニンジンを作ろうと思ったから。	R→S→Y	しっぽを取られるのはいやだけどニンジンを作る方法を教えてもらうためだからあげなきゃだめなのかと考えた。なぜ、しっぽが欲しいのだろうと思った。	百姓のところに行ってニンジンを取るとひどい目にあうから、自分の家でニンジンを作ろうと思ったから。	ラビットが自分でそういっていたから。	R→S→Y

4. 因果的思考　その2
みんないっしょに幸せに暮らした場面─
インタビューおよび質問紙の回答から

結末部分の「みんないっしょに幸せに暮らした」場面

方法：全文読み終了後、インタビュー、6年生は質問紙

（1）質問①

表12　質問①　ア．お話のはじめのころは、みんなで、幸せに暮らしていた？

回答	1年生 n = 20	2年生 n = 19	5年生 n = 21	6年生 n = 21	合計 n = 81
はい	2　(10)	2　(10.5)	1　(4.8)	0　(0)	5　(6.1)
いいえ	18　(90)	17　(89.5)	19　(90.5)	21　(100)	75　(92.5)
どちらとも	0　(0)	0　(0)	1　(4.8)	0　(0)	1　(1.2)

n＝人数　（　）内%

イ．どうしてそう思うの？

回答例：1年生　「いいえ」の回答

イタチが来たから、けんかをしていた。そうかいてあったから。

「はい」の回答

なかよくしあわせに家にはいっていたから。

おこられずにくらしていた。

2年生　「いいえ」の回答

けんかばかり。

「はい」の回答

ともだちだから、まだイタチがいなかったから。

5年生　「いいえ」の回答

ヘアとスキレルがグレイ・ラビットに命令して

働かせ、文句ばかり言っていたから。

「はい」の回答

グレイ・ラビットは仕事が好きだと言っていたし、ヘアたちとも暮らせて、あまり恐ろしいことがなかったから。

「どちらともいえない」の回答

ラビット以外は幸せに暮らしていたと思うけど、ラビットは家のことやみんなのためのことばかりしていたから。

6年生　「いいえ」の回答

イタチが近くにいたし、グレイ・ラビットはヘアやスキレルから、いろいろとめいれいをきいて自由ではなかったから。

（2）因果的思考─質問②

原因の分類

　回答は意味内容を表すキーワードで分類した。言葉の表現の仕方は違っていても意味内容的には同じである事柄がある。たとえば2年生のように「ありがとうっていう気持ち」が出たという子もあれば、「感謝する」ようになったという言葉を使う子どももいる。「頭を使った」を「知恵がある」という場合もそうである。そのようなより具体的な言葉は低学年に、概念的な言葉は学年があがると多くみられる。ここでは、それぞれの学年での意味内容の段階差を見たいのでなるべく子どもの言葉を使ったが、統一的な枠組みで分類して特徴を掴みたい。

子どもの反応	項目
○助けてあげたから	助けた
○頭を使った	創意工夫
○反省した	反省（言葉）
○文句を言わなくなった、命令しなくなった	
反省・改心・わがままをしない	節度・節制
○過ちは素直に認め、あやまった	謝罪
○明るい	明朗
○平等になった	平等
休めるようになった、働くようになった	
○野菜がたくさん収穫できた	豊かさ
○感謝するようになった　　尊敬・感謝	感謝
○理解した　理解・助け合い　思いやり　絆	理解　　助け合い
仲良くなった　理解・助け合い・思いやり	仲良し　思いやり
信ずるようになった　信頼・理解・助け合い	信頼
協力するようになった　　思いやり・協力	協力
○家族が会える	家族愛
○イタチがいなくなって危険がなくなった	平和　　安全
○自己中心的でなくなった	脱中心化
○自分のことは自分でやる	自立
○命があれば	生命尊重

表13　質問②　なぜ、みんなは、いっしょにしあわせにくらせるように
なったと思う？　分類別回答

項目	1年生 n = 20	2年生 n = 19	5年生 n = 21	6年生 n = 21	合計 n = 81
助けた	3　(15.0)	15　(78.9)	13　(61.9)	14　(66.6)	45　(55.5)
反省（言葉）			2　(9.5)	11　(52.3)	13　(16.0)
感謝		3　(15.8)	2　(9.5)	2　(9.5)	7　(8.6)
謝罪		2　(10.5)	1　(4.8)		3　(3.7)
節度・節制		3　(15.8)	3　(14.3)	1　(4.7)	7　(8.6)
家族		1　(5.3)			1　(1.2)
安心（イタチ）	10　(50.0)	3　(15.8)	3　(14.3)	5　(23.8)	21　(25.9)
理解			6　(28.6)	1　(4.7)	7　(8.6)
信頼			1　(4.8)	1　(4.7)	2　(2.4)
平等		1　(5.3)	3　(14.3)	2　(9.5)	6　(7.4)
豊かさ（食）		2　(10.5)	2　(9.5)	2　(9.5)	6　(7.4)
生命		3　(15.8)	2　(9.5)		5　(6.1)
仲良し・思いやり・協力	8　(40.0)	7　(36.8)	2　(9.5)	3　(14.2)	20　(24.6)
自立				2　(9.5)	2　(2.4)
明朗	1　(5.0)				1　(1.2)
（頭を使った）創意・工夫	1　(5.0)				1　(1.2)
脱中心化				1　(4.7)	1　(1.2)
回答なし		2　(10.5)			2　(2.4)

＊回答なしの2人は、すべて終了後聞き直し回答を得る
＊複数回答　　　　　　　　　　　　　　　　　n：人数（　）内％

（3）反実仮想　質問③

原因（反省）への介入

表14　質問③　もし、ヘアとスキレルが反省しなかったら？

回答（予測）	1年生 n = 20	2年生 n = 19	5年生 n = 21	6年生 n = 21	合計 n = 81
変わらない （幸せではない）	20（100）	19（100）	21（100）	21（100）	81（100）
変わる	0（0）	0（0）	0（0）	0（0）	0（0）
回答なし	0	0	0	0	0

n：人数　（　）内%

①で「はい」と答えた子ども
　2年生　イタチがいないので幸せな暮らし→イタチを倒したからイタチがもういなくなって危険がなくなった。
　5年生　ラビットは働くことが好き、ヘアたちとも暮らせ、あまり恐ろしいことがない→今までの暮らしと変わらないけど幸せ。ヘアとスキレルが助かっただけでもうれしい。

回答者全員が、反省しなければ、ラビット1人が働いているような家だと答えた。

＊子どもたちの質問①②③の回答内容は表15（p.52）

51

（4）因果的思考その2　回答と因果マップ

表15　幸せ因果マップ一覧表（抜粋）

児童	①お話のはじめのころは、幸せに暮らしていた? どうしてそう思うの?	②なぜ、みんなは、一緒に幸せに暮らせるようになったと思う? どうしてそう思うの? （　）に示す	お話から描いた因果マップ	③介入・反実 もし、ヘアとスキレルが反省しなかったら?	現実生活の幸せ因果マップ みんな、一緒に幸せに暮らすため、あなたはどうする? $X \xrightarrow{?しあわせにくらす} Y$
1年生	いいえ けんかしていたから	なかなおりしたから	反省 $X \rightarrow Y$	けんかのままになる	こわく怒って、なかよくする（ずっとけんかのままだといやな気持ち） $X \xrightarrow{仲良し} Y$
1年生	いいえ もんくポイことを言った	・いたちをやっつけて早起きして作ってくれるからありがたい（もんくは言わないから）	$W \rightarrow Y$ $X \nearrow$	そのままもんくをいったまま	なかよくする。（なかよくしないと楽しくないから） $X \xrightarrow{なかよく} Y$
1年生	いいえ イタチがいじわるしてきたから	・イタチがいなくなったから、死んでしまったから（イタチがこわいから）	$W \rightarrow Y$	みんながはたらかない	楽しく生活する。（楽しく生活すればなかよしになれるから） $X \xrightarrow{楽しく} Y$
2年生	いいえ もんくいってたりした	・ニンジンがいっぱい手に入ったから（食料が多くあるから）・イタチから助けてもらったから（家族がまた会えるから）	収穫 $U \longrightarrow Y$ $Z_2 \rightarrow W$ 家族がまた会える	ずっとけんかしちゃう	みんなとなかよくできたらいい人になれる。 $X \xrightarrow{仲良く} Y$

52

児童	①お話のはじめのころは、幸せに暮らしていた?どうしてそう思うの?	②なぜ、みんなは、一緒に幸せに暮らせるようになったと思う?どうしてそう思うの?( )に示す	お話から描いた因果マップ	③介入・反実 もし、ヘアとスキレルが反省しなかったら?	現実生活の幸せ因果マップ みんな、一緒に幸せに暮らすため、あなたはどうする? $X \to \quad Y$
2年生	いいえ ともだちにいじめられる	・ラビットが友だちを助けたから (生きていられるから)	$Z_2 \longrightarrow Y$ 生きていられるから	いばったり、いばりんぼのまま	いっぱいはたらいておカネをかせいだ方がいいです $X \to Y$
2年生	いいえ ヘアとスキレルがいばりんぼ	・ラビットが二人を助けてあげたから (助けてもらって、ラビットに「ありがとう」という気持ちをもったから)	$Z \to X \to Y$	反省しなかったら幸せに暮らすことはできなかった	
5年生	いいえ ラビット以外は幸せに暮らしていたと思うけど、ラビットは家のことやみんなのためのことばかりしていたから幸せではなかったと思う	イタチに二人が捕まった時は二人を好きだから助けに行った。(でも二人は、ラビットがつかまっていて自分たちが助けに行く立場なら行かないんじゃないかなと思った。でも助けてもらったら今までの自分たちは自分勝手でラビットに迷惑をかけていたんじゃないかと二人が気づいたから考え直してみんなで同じようにラビットの仕事を分担していこうと思った)	思いやり節度 $Z \to X \to Y$	今日助けてもらったのは、助けに来て当然と考えて、以前通り二人は自分勝手なままラビットがみんなのことをしている暮らし	みんなと仲良くして自分のことは自分でする(自分でするとどこに何があるかすぐわかる。みんなで協力すればすぐわかる) 自分の・協力 $X \to Y$

児童	①お話のはじめのころは、幸せに暮らしていた?どうしてそう思うの?	②なぜ、みんなは、一緒に幸せに暮らせるようになったと思う?どうしてそう思うの?( )に示す	お話から描いた因果マップ	③介入・反実もし、ヘアとスキレルが反省しなかったら?	現実生活の幸せ因果マップみんな、一緒に幸せに暮らすため、あなたはどうする?X → Y
5年生	いいえ ラビットだけが一人で仕事をしていたから	・グレイラビットがイタチから助けてくれたから(危ないところを助けてくれてよかった。助けてくれなかったら死んじゃったから)・いっぱい野菜が取れたから(パーティを開いて、幸せな気持ちになる。〈野菜をいっぱい食べるパーティ〉毎日食べられるから)・「もういじめたりしないよ」って言ったから(もう困ることもないし手伝うよって言っていたから一人でお仕事を全部しないでもすむから)・命をすくってくれて、ありがとう、すごい嬉しいから仲良くしてくれた。(うれしくなる)	命 感謝協力 Z → X → Y U	まだグレイラビットが一人で仕事をやってきつい目にあっていた。グレイラビットはこまってしまう。	仲良く楽しく暮らしく暮らしたい(いじめられて毎日過ごすのはいやだから)仲良く X → Y

54

児童	①お話のはじめのころは、幸せに暮らしていた？どうしてそう思うの？	②なぜ、みんなは、一緒に幸せに暮らせるようになったと思う？どうしてそう思うの？（　）に示す	お話から描いた因果マップ	③介入・反実もし、ヘアとスキレルが反省しなかったら？	現実生活の幸せ因果マップみんな、一緒に幸せに暮らすため、あなたはどうする？ X→　　Y <small>う　　しあわせにくらす</small>
5年生	いいえ ヘアとスキレルがいばっていて、グレイラビットにいろいろなことをやらせていたから	・グレイラビットがヘアとスキレルをイタチから救ってあげたから。（助けてもらってグレイラビットの気持ちがわかったから）・グレイラビットの気持ちをヘアとスキレルがわかったから。（自分たちもラビットの手伝いをしてあげなくてはと思ったから）	<small>理解</small> Z→Y	幸せにくらすことはできなかった	みんな協力し合って暮らす（喧嘩もないから） <small>協力</small> X→Y
6年生	いいえ	・イタチもいなくなったから。ヘアやスキレルも反省したから。（イタチがいなくなったから、おびえないで暮らせるから。イタチにつかまってから、ラビットに助けてもらい、いつも、ラビットががんばってくれていたということが分かったから）	<small>反省理解</small> Z → X →Y W↗	いままでのように、ラビットは働いてばかりだと思う。	いつも笑っていたい（笑っていれば気分も明るくなるし相手も明るくなれるから、裕福でなくても笑っていれば辛くても乗り越えられると思うから） <small>笑顔</small> X→Y
6年生	いいえ	イタチと戦ったから（イタチと戦ってから、自己中心ではなくなって、みんなと協力できるようになったから）	<small>脱自己中協力</small> Z→ X →Y	もし、ヘアとスキレルが反省しなかったら、いつまでもわがままで、いばって、自己中心でいた。	仲良くみんなのためになることを少しはする（幸せに暮らすためだからみんなの役に立つ） <small>仲良く奉仕</small> X →Y

55

児童	①お話のはじめのころは、幸せに暮らしていた?どうしてそう思うの?	②なぜ、みんなは、一緒に幸せに暮らせるようになったと思う?どうしてそう思うの?( )に示す	お話から描いた因果マップ	③介入・反実もし、ヘアとスキレルが反省しなかったら?	現実生活の幸せ因果マップ みんな、一緒に幸せに暮らすため、あなたはどうする? X→ Y
6年生	いいえ	ニンジンの作り方もわかって、収穫できたし(ニンジンの作り方は、グレイ・ラビットがフクロウに自分のしっぽをあげてまでニンジンの作り方を教えて、助けてくれたから)・イタチもたおすことができたし(グレイ・ラビットは正確なはんだんができてヘアやスキレル、それに自分の命が守れたから)・ヘアやスキレルから命令もいろいろ受けなくなったから(ヘアやスキレルの命令を受けなくなったのは、グレイ・ラビットが、イタチから命を守ってくれたから)	W / Z → X → Y（命令なし）/ U / T	みんないっしょに幸せに暮らせず、グレイ・ラビットも気持ちよくなれなかったと思う。	

5. その他の劇的場面の因果的思考内容

　因果連鎖により劇的な場面が関係づけられている。それぞれの場面で因果的思考が行われただろうか。

　劇的な場面はp.28図1物語因果関係略図の　③、④、⑤、⑧、⑪である。

　質問　考えてみよう"なぜなぜ"

①ニンジンをぬいたのはなぜ？

②じぶんたちのニンジンは、じぶんたちでつくらなくちゃ」とかんがえたのはなぜ？

③夜の森で、ちゅうがえりやさかだちをしたのはなぜ？

④ヘアとスキレルがいたちにつかまっちゃったのはなぜ？（作品中に暗示的に書かれている）

⑤ニンジンがみごとなしゅうかくになったのはなぜ？

表16　劇的な場面の因果的思考内容

質問番号	学年	記述例　数字は人数の多かったもの
①	1	ニンジンが食べたいから14　みんなでたべたい　いわれたから
	2	ヘアに言われた　ヘアやスキレルのため　家族のため12
	5	ヘアやスキレルが食べたいと言ったから21　（全員）
	6	ヘアやスキレルに頼まれたから18　レタスでは飽きてしまったので　ニンジンが必要だったし、畑を持っていなくて作り方が分からなかったから
②	1	ニンジンが食べたいから6　いけない　おこるから7　みんなで　じぶんのことはじぶんでやる
	2	ひとんちのをとっちゃいけない　ニンジンが食べられるから、おこられるから6
	5	ヘアやスキレルがニンジンをたくさん食べれるようにひどい目にあうのはいやだし、ニンジンを取るのはよくないと思う5　自分たちで育てた方がおいしい
	6	いつまでも泥棒していると殺されるかもしれない。今まで人任せだったから、あんなところに行きたくない、自分で作れば安心人のものを取るのはよくない
③	1	こわい　楽しい・うれしい10　私は自由　花の香りやキイチゴのいい匂いがしたから　つかれた
	2	きれいだなーとおもって6　うれしい
	5	こころがたかぶって楽しい気持ちになったから　空がきれいだったから　夜の森があまりにもきれいだったから　いやなことを全部忘れた
	6	きぶんがよくて自由な気持ちになれたから11　自分が若々しく思えたから　満月で花なども光っていたから
④	1	あしあとがあったからイタチが二人をつかまえようとした6　かぎがあいていたから
	2	いねむりをしていたから　イタチはうさぎとかリスとか食べちゃうから3　わるいことをしたから

④	5	ラビットの言うことを聞かないでいばって寝てしまったから いつも働かないでベッドに寝ていたからばちがあたった ラビットが帰るのが遅かったから
	6	ドアをあけっぱなしにして居眠りをしイタチが入り込んだのに気が付かなかったから10 油断していたから 足跡がこの家につながっていたから ヘアとスキレルにラビットを大切にしろというメッセージだったかもしれない
⑤	1	毎日水やりをしたから3 ふくろうにおしえてもらったばしょにいってたねをもらってうえたから ふくろうにしっぽをあげたから
	2	ふくろうさんからおしえてもらったから たねをまいたから いたちをまるやきにしたから
	5	みんなが協力していばりもせず一生懸命育てたから ラビットだけでなく三人が力を合わせて育てたから ラビットが大変な思いをしてニンジンの種をまいたから
	6	協力して育てたから11 一人一人が自分たちでつくらなきゃあと思ったから ヘアやスキレルが反省して手伝ったから イタチもいなくなって平和になったから ふくろうにしっぽまであげて作ったから 自分たちの畑で育てたから

6. 補助データ　質問「あなたなら、どうしますか」

しつもん　1

『グレイ・ラビットのおはなし』の中で、フクロウに「しっぽをもらおう」「よこさないとたすけてやらぬ」といわれたときラビットは、「あげましょう」とこたえましたね。

あなたなら、しっぽをあげましたか？

それは、なぜですか？

表17　あなたならしっぽをあげましたか（抜粋）

児童	1年生		2年生		5年生		6年生	
1	あげる	ふくろうがこわいからあげる	あげない	しっぽがないとはずかしいから	あげる	おいしいニンジンを食べさせてあげるから	あげる	ここでしっぽをあげずに命を落とすよりも、しっぽをあげて助けてもらう方がいいから
2	あげる	おこられたらいやだから	あげる	ヘアとスキレルがかわいそう	あげれなかった	しっぽをとるといたいし、自分のものだから	あげた	しっぽをあげないとニンジンのことを教えてもらえなくて自分たちが大変な生活しかできないから
3	あげない	いたいから	あげない	じぶんのたいせつなものがなくなるから	あげる	なえのつくりかたをきくため	あげない	おしえてほしいけど、痛いし、だったらいろいろな人にきいていこうと思ったから
4	あげない	しっぽをとるといたいからです	あげる	かぞくのためだから	あげる	しっぽより命が大事だから	あげない	しっぽをとるのはいたいから

補助データ　質問「あなただったら、たすけにいきましたか？」

しつもん　2

『グレイ・ラビットのおはなし』で、ラビットはヘアとスキレルを
たすけにいきましたね。

あなたなら、たすけにいきましたか？

それはなぜですか？

表18　あなたならたすけにいきましたか（抜粋）

児童	1年生		2年生		5年生		6年生	
1	いかない	なかがわるいから	たすける	かわいそうだから	行く	とっても仲のいい友達でたまにけんかをしてもずっと大切な友達だから	行く	二人は悪いことをしたけど一緒に暮らす仲間だから
2	いった	たいせつななかまだから	行く	助けに行かないとそのままだしかわいそうだから	行く	いっしょに住んでいて大事大事な家族だから	助ける	助けずにひとりぼっちになるのはいやだから
3	いく	なかまだから	行く	いつもこわいけど本当はやさしいと思うから	行かない	殺されたくないしいつもヘアとスキレルは文句を言うから	行く	助けに行けば自分が捕まっても助けに来てくれるかもしれないから
4	たすけにいく	たいせつななかまだから	行ける	みんながいなかったら友達がいなくなっちゃう	行かない	グレイ・ラビットがヘアとスキレルにいじめられていたから	行く	大切な友達だから

61

補助データ

表19　あなたなら、しっぽをあげましたか？　回答数

項目	1年生 n = 20	2年生 n = 19	5年生 n = 21	6年生 n = 20	合計 n = 80
あげる	5 （25.0）	13 （68.4）	9 （42.9）	7 （35.0）	34 （42.5）
あげない	15 （75.0）	6 （31.6）	12 （57.1）	13 （65.0）	46 （57.5）

n：人数　（　）内%

表20　あなたなら、たすけにいきましたか？　回答数

項目	1年生 n = 20	2年生 n = 19	5年生 n = 21	6年生 n = 20	合計 80
行く	17 （85）	14 （73.7）	18 （85.7）	20 （100）	69 （86.2）
行かない	2 （10）	3 （15.8）	3 （14.3）	0 （0）	8 （10.0）
回答なし	1 （5）	2 （10.5）	0 （0）	0 （0）	3 （3.7）

n：人数　（　）内%

V．考察

1．物語理解における因果関係

　物語のなかの因果関係を把握しているか、因果的思考をしているか、ということは、物語を理解することにつながる。

　はじめに行った実験によって、本を持つ語り手、わずかな挿絵、それから実体のない耳から入る情報によって、物語世界に潜む因果関係の把握が全ての子どもに行われているのかどうか、学年によって違いがあるのかを検討した。読み聞かせは多くの場合途中でストップすることなく進んでいくので、物語理解においては子どもたちは瞬時に理解していくことになる。実践記録（資料）からは因果関係の思考と把握が、お話が読み上げられると即座に行われることが自由発言で窺える。因果関係の把握が瞬間的に行われ、その説明が『グレイ・ラビットのおはなし』―フクロウにニンジンの作り方を聞きに行く場面―で、少なくとも85％（表6、p.36）の子どもたちには行われたと解釈できる。残り15％の子どもたちについては、聞きのがしてしまった、答え方が分からなかった、書くという表現ができなかったなどがあったとも考えられ、その中には因果関係の把握ができていた子もいたかもしれない。2年生についてはその場で口頭で尋ねてみたが分からないと答えた。

　学年差（年齢差）では、あまり変化は認められなかった。時間確保や討論（個―全体―個）をすることにより、この場面では全体で100％近く因果関係の把握が行われた（表7、p.38）。そこには意識の関連が考えられ、今後思考と意識の研究もしたいところである。実験中「しっぽをもらおう」の部分を聞くと、2年生に「えっ」と声をあげたり隣の子と顔を見合わせたりする子どもが見られた。この子どもたちは①質問「あげましょうといったのはどうしてかな？」に回答している。実践記録『つきがみていたはなし』その他

の読み聞かせ中「だから〜だったんだ」「わかった」と瞬時に因果関係の思考と把握が行われている。また本実験中質問に一つも答えなかった子どもはいなかったので、被験者全員が心的イメージの世界での因果関係の把握は可能なことであると言える。

2. 因果的思考の意味内容

　因果関係を捉えられても、どのように捉えているかには違いが見られた。

　実験の質問は、因果関係をどのように考えたのか、因果的思考の質的発達に関する多くのことを提供してくれた。観察、インタビュー、質問紙自由記述形式によって行ったため、個々の内面を幅広く捉えられた。微妙な表現の違いが見られ、解釈には手間取った。分析の結果、子どもの物語理解における因果的思考には、言語的、感情的、想像的、構造的、スキーマ、推論、創造的、深層心理、道徳的、認知的、反実仮想など多領域のことがらが関係してくることが窺える。

　Gopnik（2004）は因果推論の背景に制約があり（実質的、形式的）、因果マップが〈介入—反実仮想〉〈現実と比較—相関関係〉〈スキーマ—前知識〉に導かれる、としている。

　○　フクロウにニンジンの作り方を聞きに行く場面から

　自由発言から、スキーマ、相関関係、実質的仮定の制約を拾ってみる。

　　2年生—ラビットはお母さんみたい。グレイって色？　助けたらうれしい気持ち等

　　5年生—違った動物だけど家族なの？

　質問①②③に対する子どもの反応にみるスキーマ、相関関係、実質的仮定

　　1年生—じぶんのしっぽはたいせつだから—（作品中）

　　　　かなしい─こまって

　2年生─うさぎがにんじんだいこうぶつだから（日常からの）

　　　　友だちのうさぎがほしいっていったから（作品中）

　　　　これはお話だから（物語について）

　5年生─ヘアはニンジンがいっぱいあればうれしいから（作品
　　　　中）

　　　　友達思いだから（クラス目標）

　　　　好きだから（愛─無意識）

　6年生─自分で作れば、悪いことをしないですむ（社会のルー
　　　　ル）

　　　　命が大切（倫理原則）

　1・2年生では身近な世界である家族や学校、作品内から得ら
れた言葉、5年生は学級、作品、6年生になると抽象的な概念
（作品内外の抽象的なもの）が多く見られた。

○　結末部分　みんないっしょにしあわせにくらしの場面から
　　助ける─うれしい気持ち（実質的仮定）等

○　その他、劇的な場面の因果的思考に記述されていたものから
　　空がすごくきれいでうれしい─宙返りや逆立ち（作品から）
　　夜の景色がきれい─いやなことは全部忘れる（実質仮定と作
　　品から）

　　自分たちでつくるとおいしいにんじんになる（実質的仮定）

　　人のものを取る─怒られる（実質的仮定）

　　頑張る─見事な収穫になる（実質的仮定）

　　働かない─バチがあたる（以上5年生の中から）

　　泥棒をすると心に不純物がたまる（実質的）

　　油断する─捕まる（作品中スキーマ、実質的仮定）

　　ニンジンを取る─百姓に捕まる（作品中スキーマ）

　　自由な気持ち宙返り（作品中）（以上6年生の中から）

たのしい─宙返り（作品中）ちゃんと水やりをする─見事な
収穫（実質仮定）

花のかおりやいいにおい─宙返り（作品中と実質的仮定）
（以上1年生の中から）

じぶんでつくる─いっぱいたべれる（実質的仮定）

イタチはリスやウサギを食べる（スキーマ）（以上2年生の
記述から）

3. 思考についての考察

フクロウにニンジンの作り方を聞きに行った主人公ラビットが、
大切にしている自分のしっぽを「あげましょう」という場面である。
なぜ、「あげましょう」と言ったのか、作品の因果構造からいうと、
時間的空間的に近い原因T⑥─10のところ、

フクロウの「しっぽをもらおう」＝「よこさなければたすけてや
らぬ」

が原因である。しかし、子どもたちが、ラビットがあげようと真
に決断したのは、その意志であると捉えた。

作者のAlison Uttleyは原書（日本語版では文庫本）に「命をな
くすより、しっぽをなくすほうがまし」と書いている。反応結果か
ら、自由な推論を任された子どもたちの思考は、原因としてここを
主に探る子どもが見られたのである。

思考の全体的様相から

○子どもの回答の記述および因果マップから

原因判断において、原因への時間的長さと思考回路について違
いがあることが捉えられる。

因果的思考その1から、因果関係の判断は1年生の55％がフク
ロウとの会話の中に求めている。回答からヘアやスキレルの言
葉は見られない。おかあさんという言葉が一人ではあるが見ら

れる。

　・どうしても教えてほしいから

　・たすけてあげないといったから

　・ふくろうさんがおまえをまもってやらないぞっていったか
　　ら

　2年生は畑やヘアへの言葉が出てきている。フクロウとの会話
からが減って、ともだちのためが52.6%と最も多くなっている。

　・ヘアとスキレルがニンジンを食べたいと言っているから。

　・もっと作り方を覚えてもっとニンジンを作って食べたいか
　　ら。

　5年生はヘアのためが多く76%に上る。ヘアがニンジンを欲
しいと言ったのは物語の初め、お話の発端に近い。因果関係図
1（p.28）によると②の場面まで逆思考している。

　・スキレル、ヘアのためなら、しっぽを取られたくないけど
　　我慢する。

　・ヘアとスキレルはレタスばっかじゃいやだと言っているの
　　であげるしかない。

　6年生は畑をつくる、命に関する記述がみられた（60%）。

　・百姓のところに行って、にんじんをとるとひどいめにあう
　　から、自分の家でニンジンを作ろうと思ったから。

　・ふくろうに自分のしっぽをあげなければ助けてもらえなく
　　て、あげなくて、百姓のところへ命がけでいくか。

　高学年の子どもたちは、動機は（外因：友達が言った、友達
のためになど、内因：畑を作る決意、命の価値を考慮）にある
と考えている。

　学年が上がるにしたがって思考回路が増え、奥行きが長く、
原因を考える範囲（推論範囲）が広い。時間的空間的に広がり
があるといえる。

表21　各学年の因果的思考の回路と範囲

（＊例：ヘアのため→「あげましょう」1回路とする）

学年	思考回路（全体）	最長　（時間の長さ）	最多原因
1年生	3回路	S④　（畑）の範囲　まで	⑥—10 （助けてやらぬ）
2年生	4回路	Q②　（ヘアの要求）　まで	Q友達のため
5年生	4回路	Q②　（ヘアの要求）　まで	Q友達のため
6年生	5回路	Q②　（ヘアの要求）　まで	Sニンジンを 作る、命

○Piagetの思考段階に照らしてみると

　1年生はフクロウとの会話の中に原因を見つけている。自己中心的である。2、5、6年生の思考範囲はお話の発端の方まで広がっている。1年生から2年生へ行く段階で急に社会的なものが広がってくると捉えられる。脱中心化が考えられる。6年生は内容的にも命（倫理原理）や自立のことに考えを及ぼしている。抽象的概念的言葉を使用している。形式的操作段階の特徴が表れてきている。

○Gopnikの実質的仮定の制約とスキーマの影響

　子どもたちの思考の違いが、日常の置かれている環境の違いに作用されることはGopnik、Piagetとも主張するところであり、経験しているところである。一般的な思考段階というだけでなく、子どもたちは学級目標や友達関係、教師の言葉、家庭内外で置かれている環境がかなりのウエイトを占めていると感じられる。本実験の5年生では日頃、友達への思いやり、6年生では卒業に向けて独り立ちを促すような指導が強調して行われている。意識と思考という点でも研究を深めたいところである。

○個々の思考から

論理的思考について考察してみる。

しっぽをあげることについて命への言及は、重ねて言うが作品の中にはない。おそらく原書には記述されていて、（日本語の文庫本による）作者の考えがわかるのだが、ここでは全くの児童の推論であって、それによって思考内容がよくわかるところだ。

　　②の質問　フクロウに「しっぽをもらおう」「よこさなければたすけてやらぬ」と言われた時ラビットが考えたこと、

　　③の質問　もう一度、「あげましょう」と言ったのはなぜか、どうしてそう思う？

についての記述から、あげるか・あげないかの葛藤をしている様子を想像し、原因の判断をしていることが見て取れる。

6年生Aさんの場合

あげたくない	あげようか
①痛いからあげたくない	①ニンジンの作り方を知るためにあげようか
	②百姓のところへ行って盗むより教われば安心
	③また、百姓のところへいって危険な目にあいたくない

⇩

「あげましょう」

帰納的推論。しっぽ＜安心＝命

因果関係決定に、Gopnikの言うところの二つの制約のうち形式的な仮定が考えられる。ベイズ理論の考え方（事前確率と事後確率：ベイズ更新）を使って思考過程を推測してみる。

事前確率	あげたくない	確率0.9	痛いからあげたくない
			（補助データあなたならの回答も）
	あげようか	確率0.1	ヘアがニンジンを食べ
			たいと言った
データ	ニンジンの作り方を知るためにあげようか		
事後確率	あげたくない	確率0.8	
＝	あげようか	確率0.2	

次の事前確率

データ	百姓のところへ行って盗むより教われば安心		
事後確率	あげたくない	確率0.4	
＝	あげようか	確率0.6	

次の事前確率

データ	また、百姓のところへ行って危険な目にあいたくない		
事後確率	あげたくない	確率0	
	あげよう	確率1	

教われば安心　（命は守れる）

「あげましょう」

＊数字は仮数字

　実際は数字の操作はしていなくても（6年生だから考え
たかもしれないが）あげた方がよいと確率的な判断。
　このような作業（操作）を直感的に、無意識のうちにし
ているとGopnikは主張していると考える。

5年生Aさん　畑のものを取るのはいけないことだから、家でニ
　　　　　　ンジンを育ててればヘアにたくさんニンジンがあげら
　　　　　　れるし畑のものを取らなくてすむから。フクロウは
　　　　　　おなかがすいたのかもしれない。自分はなにかして
　　　　　　あげるのになにもお返しがないかもしれない。<u>スキ</u>

レル・ヘアのためなら、しっぽをとられたくないけ
どがまんする。グレイ・ラビットは人のためになる
優しい人だから。(帰納的論理的に考えている。最
終的判断に、人のためというラビットの人柄を考え
ている)

2年生Ａさん　自分のしっぽよりニンジンの植え方の方が知りた
　　　　　くて。(二つのうちからどちらの気持ちが強いか直
　　　　　観的統計的処理)

　　Ｂさん　しっぽを取っても変わらない。ニンジンだけを考
　　　　　える。私もレタスだけじゃいやだわ。→「あげま
　　　　　しょう」の要因の方が多くなっている。(Ａさんより
　　　　　高い論理性)

1年生Ａさん　あげようかなー、あげないかなー。こまったから。
　　　　　(対比して情動的に判断)

　　Ｂさん　どうしよう、あげなきゃだめかな。しっぽはだい
　　　　　じだけどニンジンの育て方を教えてほしいけどな。
　　　　　にんじんばたけをつくりたいから。(やや論理的統
　　　　　計的)

6年生Ｂさんの場合
　あげなければ助けてもらえない
　　あげたくはないけど　助けてもらいたい
　　　助けてもらうためあげよう (百姓のところへ命がけでいくか)
　　　　　　　　　　　⇩
　　　　　迷った挙句の「あげましょう」

まとめてみると、学年の特徴的なものとして (全てということでは
ない) グラフモデルで表すと、次のようになる。

表22　「あげましょう」の思考と因果関係の特徴

	思考様式	X（原因）	
1年生	直観的、情動的	フクロウの言葉	
2年生	やや論理的	友達	
5年生	大分論理的、帰納的	友達	→Y（結果）
6年生	かなり論理的、帰納的	自立　命	

ラビットの「あげましょう」の原因判断は日頃の道徳性、行動様式、環境の影響（実質的制約）と思考のあり方（形式的制約）があるとするGopnik（2004）の主張のような結果が現れたと言えよう。また、Piaget（1968）の思考の発達段階にも概ね頷けた。操作という点で、物語にもつイメージから言語操作するだけの読み聞かせでは、子どもたちはごく早い段階から抽象的思考と可逆的操作を行っていると言えるのではないかと思う。

因果的思考その２　　―幸せな暮らし―

　因果マップを使って考察する（図１　物語全体　因果関係略図および図３参照）。

　幸せな暮らしの因果関係は、複数要因単一結果型である。

この場面の詳しい因果関係図（◎原因　●結果）

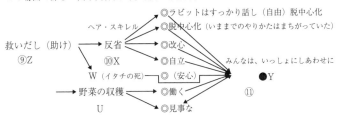

図６　みんな一緒に幸せに暮らした場面　因果関係図

子どもたちが描いた因果マップによれば「みんなはいっしょにしあわせなくらし」になることができた原因への思考回路には次の型があった。

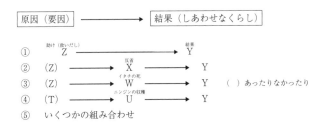

思考はさらに細分化されている。

a　要因1つのもの

例
ニンジンがいっぱい手に入ったから

b　助けたことから生じる多要因の中の1つを挙げている

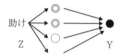

c　助けたことから生じた多要因の中の2つ以上

d　反省から生じた多要因の中の1つ

e　反省から生じた多要因の中の2つ以上

f　多要因を並列的に挙げたもの

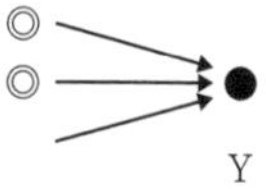

g　イタチの死

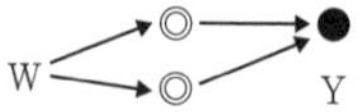

h　しっぽをあげた ──→ ニンジンが見事な収穫
　　T　　　　　　　　　U　　　　　　　　　Y

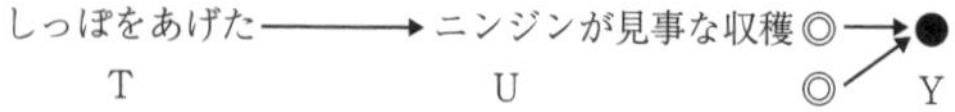

図7　要因の思考回路の型

子どもは単一要因→単一結果、複数要因→単一結果と色々である。
（重複あり）

まとめてみると、

表23　各学年の因果的思考の回路と範囲

学年	思考回路 （全体で）	最長逆思考 時間の長さ	◇　最多因果関係
1年生	5回路	Z（たすけた）まで	◇　Wイタチの死・安心
2年生	10回路	Z（たすけた）まで	◇　Z助けた・仲良し
5年生	12回路	Z（たすけた）まで	◇　Z助けた・理解
6年生	12回路	T（しっぽをあげた）まで	◇　Z助けた・反省

思考の内容から

原因判断において1年生の50％は因果マップW（イタチ）→ Y型であった。イタチの死を挙げている。

　　　・イタチをやっつけたから　　W → Y
　　　・たすけたから　　Z → Y　・なかよくなったから　X → Y

ラビットの救い出しにも触れずイタチという具体物を挙げている。また、助けたからという行動そのものを原因として挙げている子も具体的である。単一要因一結果型が15人75％に上る。

2年生

　　　・助けてくれたから　　　　Z → Y
　　　・ラビットが助けてあげてヘアとスキレルがラビットにお礼
　　　　を言ったから

　　　　　　Z → X → Y

お話を流れとして捉えるようになっている。単一要因一結果型8人42.1％と、1年生と比べると大幅に減少し、Z → X → Yは1人5％から7人36.8％に増えている。また、Xの中身も2つの要因を考えている子も出てきて1年生とは異なるところである。

・ニンジンがいっぱい手に入ったから、食料が多くあるから、
　　　　イタチから助けてもらったから、家族が会えるから
思考回路が増え4要因を挙げている子もあって、思考範囲の広が
りがみられる。

5年生
　　　・ラビットが助けてあげたから（やさしさに気付いたか
　　　　ら）　　　Z → Y
　　　・ラビットがイタチからヘアとスキレルを守ったから（いつ
　　　　も命令されていたにもかかわらず）　　　Z → Y
と、助けた行為そのものから生まれた理解や信頼を、原因である
と説明している。

6年生　単一要因一結果型は、
　　　・3人で協力し合っていたから　　　　　X → Y
　　　・ニンジンが食べられるようになったから　　U → Y
の2人10%であった。Z → X(反省理解) → Yや、それにW(イタチいない) が加わる
など要因が多くなっている。また、反省（50％）や自己中心等、
抽象概念の言葉が使われている。フクロウにしっぽをあげてニン
ジンの作り方を教わったと因果連鎖を捉え、時間的に遡って思考
している子もあり、思考範囲の広がりが見られる。

5年生と6年生を見ると、5年生は理解という人とのかかわり、6
年生は自分自身についてを考えている。

制約とスキーマについて
子どもたちの反応の中に、
　　　助ける→うれしくなる、温かい気持ちになる
の言葉が多くみられる。
家族といる時の幸せな気持ちとか、みんなで一緒に過ごすという
学校での集団生活をしている経験からの実質的制約やスキーマが

感じ取れる。イタチがいなくなって森が平和になったからなどは作品中から得た知識によって、イタチは悪い、イタチの死→幸せの因果関係が生まれていると捉えられる。

　　イタチ―恐ろしいイタチがやってきた　繰り返し出てくる
　　イタチ―みんなが恐れている　ラビットは足跡をつけない
作品中から得た形式的制約である。これらからイタチの死は平和であり、安心であり幸せな生活の要因となると判断される。
6年生は一人ではあるが、幸せになれたのはラビットが自分のしっぽまであげてニンジンの作り方を教えてもらったことに思いをはせている。またその子どもは正確な判断や勇気を持つラビットの人格そのものが幸せをもたらすと考えている。幸せは人の心がもたらすという気付きであろう。深い思考になっている。高学年になると時間的空間的に広がりを見せてくるが、深さも増してくると言えよう。

因果的思考―その2―幸せに暮らした因果マップ
1年生に多く見られたマップ　　6年生の子どものマップ

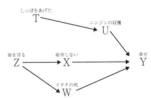

4. 反実仮想

　Gopnikは新たな可能性を思い描いたり、別の世界を描くために使われたりする反実仮想が重要としている。反実仮想については、GopnikやHarris、その前に、Mackie（1974）の研究がある。

　Mackieが強調していることは、単なる連続した出来事を観察するだけでは原因判断には到達しないと主張し、むしろ、与えられた先行条件の中で起こりうることを想像するということの重要性の説明をしている。理論家たちは大人であっても言語的、文化的なことが欠如していれば不自然でもろい能力だと言っているが（Bloom, 1981;Scribner, 1977）最近の研究では2、3歳の子どもでも実際に何が起こったか起こらなかったかもしれないか概念化することができる証拠があるという。Harrisもまた3、4歳の子どもへの実験を試みている。（Harris, German, Mills 1996）

　本研究のフクロウに「あげましょう」と言った時の原因判断の場面での子どもたちはどうであったか。結果は表10（p.41）。筆者が予想していたより少なかったが、原因を判断するのに表裏一体なものとすると、思考には入っていたのかもしれない。言葉での表現の仕方に慣れていないのではないかと予想する。（Mackieは4〜5歳より前では反実条件的言葉を形成することはないと言っているが）児童期の子どもたちも本実験で見る限り言葉の問題があると言えそうだ。

　　　1年生：○にんじんのつくりかたをおしえてくれるから。これ
　　　　　　は
　　　　　　↗もし、あげれば
　　　　　　○こなければよかった
　　　　　　↗ここに　　　↗こんなことにはならなかったのに
　　　2年生：○ニンジンとかいっぱいそだてられるから。
　　　　　　↗もし、あげれば

5年生：〇ニンジンを遠くから取りに行かなくてもいいように

　　　　✐あげれば　✐行かなくてもよい

6年生：〇しっぽを切られたらスキレルとヘアに色々言われる

　　　　かもしれない

　　　　✐もし

　　　　〇自分で作れば盗まないで（悪いことをしないで）い

　　　　いから

　　　　✐もし、ニンジンを

「もし～だったら」の思考は原因がわかれば、それに反する、介入（操作）することができる。現実の世界に介入できれば、世界を切り開いていくことができる。たとえ物語世界での経験であっても色々想い描いていくことは大切なことである。グレイ・ラビットの物語も、6年生の子どもの中に「自分に置き換えれば、不可能なことだから」という記述があった。物語の中の因果関係について子どもの思考が揺らぐところである。スキーマの枠組みがそこまでいっていないことから起こるもので、実は現実にも起こり得ること（手術して命を守るなど）であることはやがてわかることができるであろう。

5．因果マップ（Causal Maps）

　Gopnik らは、子どもたちが原因の特徴を捉えた地図を描く抽象的な構造を持つ。それがとても幼い子どもでもでき、生得的であるという。さらに、原因学習のために装備がされていて、経験や周りの世界との相互作用を通して学ばれていく。因果マップを引き出したり、介入することで新しい世界を描いていけることが特徴であると述べている。Gopnik らはその理論を実験で確かめて得たとしている。

　その観点に立って、子どもたちが描いただろうと思われる因果

マップを記述内容、表現内容から描いてみた。81名全員について、2場面にわたって行った。このような形で脳内に収めるということである。それは非常に短時間で、瞬間的に、無意識的に行われている（Gopnik）。因果マップは、子どもも実際、統計的・確率的な手法をからめて（しっぽの話のところで見たように）描いていると思われた。蓄えられたマップは後の因果関係判断に助けとなって働くことも、因果的思考その2の幸せになった場面によく現れていた。

　　生きている→しあわせにくらせる。

　　家族が一緒にいる→しあわせである。

　　たすける→喜ぶ→しあわせになる。ありがとうのきもちがわいてくる。

　　働く→みんなで野菜パーティをする→しあわせなきもちになる。

　これらは、日常から蓄えられていた因果関係のマップを取り出してGopnikらの主張にある実質的仮定が制約として働いた、Piagetで言えば日常得た知識と幸せになったことが結びついていると考えられる。子どもたちに「どうしてそう思うの？」と尋ねれば、「だってお友達を助けたら気持ちよかった」とか「気持ちが温かくなったもの」と返答する。野菜パーティの子は直前にクラスで野菜パーティをした経験から語っている。

　因果マップは常に更新されているとGopnikは言う。6年生の感想文には、自己中心的でいるのはよくないと知ったとあり、行動や心が起こす因果関係を考えている。新しく学んだ新しい因果マップを使って行動していく決意を書いている。

　因果マップを想定することにより、一目瞭然に子どもたちの思考の在り様が見られたため、能率的で大変有効であった。Cusal Beyes Netsがいろいろな分野で使われているというのも頷けることである。

表15　掲載―幸せに暮らした因果マップより

1年生に多く見られたマップ　　6年生の子どものマップ

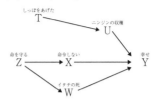

81

VI. 全体的考察

1. 本実験のまとめ

本研究において子どもたちの物語理解における因果的思考を探るために、原因や心情についてのはっきりした叙述がなく推論が行われるだろうと予想される場面その1と、因果連鎖の結末の場面その2、劇的な出来事の場面で因果関係が捉えられたのかを見るための問題、「なぜ？」の質問を行った。

全質問に回答のなかった子どもは見られず、心的イメージの世界でも因果的思考を子どもは行っていると言えた。では、その力は読み聞かせを聞いているその瞬間に、どのように働いているのか、因果的思考その1は主人公の内部葛藤は激しいが記述が少ないところ、Beaugrande & Dressler（1981）のいうギャップがあるところである。記憶の問題と他からの情報侵入を避けるため読み聞かせをストップして2分以内で①の質問に回答してもらった。これにより、瞬間的に因果的思考が行われ、出来事の原因をその1の場面では少なくとも85％の子どもが把握していることがわかった。しかしその原因の捉え方は各々自分なりであって一様ではない。「フクロウが言ったから」「ニンジンを作りたかったから」「仲間のために」「命が大事だから」など、いろいろであった。

質問②③で心情を考える、時間を確保する、討議をすることで回答数が多くなり、物語理解での因果的思考には意識や情報が関係していること、またそのことにより瞬間的に捉えたこととは違った原因判断も出てくる、と言えた。グレイ・ラビットのお話は、意識が常に持続されるように工夫されていることが、全体的な子どもたちの観察で捉えられた。また、なぜフクロウは尻尾を欲しがったのか、新たな因果的思考を始めた子どもたちがいる（5年生23.8％、6年生50％）。その理由は、この出来事の後に記述されている。しかし

感想文によると5、6年生は、「玄関のドアたたきにしてつるす」という説明には納得していない。6年生では45％の子どもが「なぜか？」と真実を問い続けている。実践記録（表3及び資料）と併せて考えてみると、物語ではよくある原因が必ずしも結果に先行していない部分や、現実との比較の中で予想外だった時、因果的思考の機能は盛んに働いて原因を探りつつ次の展開を聞いていると思われる。

　同じ原因でも、心理的な因果関係の捉え方は人によって違っていることが、はっきりと見える実験の結果であった。捉え方は学年によっても違っていて、特徴的であった。1年生は「かなしいきもちでどきどきしてこまっている、耳がふるえる」など感情的身体的な捉え（50％）、2年生は、「ヘアとスキレルがニンジンを食べたいと言ったから」と友達との関わりが見え（52.6％）、5年生では「ヘアとスキレルのためだから」と友達との結びつきがとても多く（76.2％）、6年生では「自分で作れば悪いことをしないで済むから」や「百姓のところへ行ったら捕まえられてしまうから」など、自立や命を考える等倫理的原理的（60％）であった。

　因果的思考その2では、物語の因果連鎖の終結部分の思考の様子を探るため設定された。幸せになるための要因は多要因である。この物語で結果として幸せの原因となったものとして子どもたちが説明したものは、ここにもまた学年での特徴が現れ、1年生「イタチが死んだ」（50％）「なかよく」（40.0％）、2年生「助けた」（78.9％）「なかよく」（36.8％）、5年生「助けた」（61.9％）「理解した」（28.6％）、6年生「助けた」（66.6％）「反省した」（52.3％）であった。この違いの原因は思考構造や環境の違いが考えられた。1年生では直前の出来事、高学年からは時間的空間的な広がりの中で、つまり離れている命題と命題を操作し、何通りもの方向へ範囲を広げて原因を捉えていた。

ここにPiagetの発達の段階説が浮上する。Piagetは物理的な実験からの提案であったが、1年生はその1の場面における「ぶるぶるした」「しっぽがふるえた」などの生物（動物）への親近感や同一視による感覚的直観的見方、直前の出来事「フクロウが言ったから」やその2の場面「イタチが死んだから」などの具体的な捉え方などは、前因果性2期、認知発達段階の前操作的、Piaget & Galcia（1971）の前操作的因果性の特徴というものを持ちつつ具体的操作期にいるようであり、「じぶんのしっぽよりニンジンのうえかたのほうがしりたいから」「もし自分だったらあげたくないなとおもった」と論理的思考の少し見える2年生と段差が見える。「家で育てればヘアにたくさんニンジンをあげられるし、畑の物を取らないで済む」という仮定、「しっぽをあげるのは痛いからあげたくない。盗むより作り方を教われば安心。百姓のところへ行けば危険。ニンジンの作り方を知るためにはあげようか」などの帰納的推論、やや演繹的推論など5～6年生は論理的になり形式的操作的段階に入ってきたことを感じさせるものであった。本実験では読み聞かせが終わってから本の提示はやっておらず、目の前にない心的イメージからの推論であって、低学年から抽象性の高いものであると思う。

　Gopnik等は学んだ因果関係を因果マップとして脳内に蓄積しているという。本研究では、この論に従って子どもたちのマップを作成してみた。Gopnikは原因判断には実質的仮定と形式的仮定の制約がある。また、《介入―反実仮想》《現実との比較―相関関係》《スキーマ―前知識》に導かれるとしている。子どもの推論過程を分析するとそれらが現れていた。1年生の子どもは②の質問と③の回答から、原因判断を導きマップとして納めるまでの道筋はつぎのように考えている。

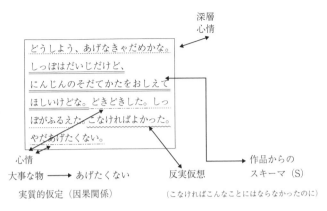

深層
心情

どうしよう、あげなきゃだめかな。
しっぽはだいじだけど、
にんじんのそだてかたをおしえて
ほしいけどな。どきどきした。しっ
ぽがふるえた。こなければよかった。
やだあげたくない。

心情
大事な物 ⟶ あげたくない
実質的仮定（因果関係）

反実仮想

作品からの
スキーマ（S）

（こなければこんなことにはならなかったのに）

（以上までが原因判断への個人の情報集め）実験ではこの後全体発表を聞いて、最終的に直観的に統計的な形式的仮定が働いて原因は"にんじんばたけをつくりたい"となった。物語の因果連鎖

Q → R → S → T → Y の中からマップは
（ヘアがいった）（おいかけられ）（畑をつくりたい）（フクロウにきく）（あげましょう）

S → Y と描いたであろうと考えられる。1年生の子ど
（にんじん畑を作りたい）（あげましょう）

もたちに後日「ラビットがしっぽをあげたのはなぜ？」の質問をしたところ「フクロウが助けてやらぬと言ったから」「おいしいニンジンを作りたいから」という説明があった。マップは

T → Y 、 S → Y と納められていた。
（助けてやらぬ）（あげましょう）（にんじんをつくりたい）（あげましょう）

　因果関係と表裏一体であるという反実仮想の記述は、被験者の子どもたち全体として回答の記述にはあまり多く見られなかったが、1年生では上記の子ども、5、6年生になると反実仮想の記述が複数見られた。因果的思考その1の場面では、フクロウ自身がその言葉を使っているので、反復の形で使われていた。「もし～だったら～だったのに」の言葉の使い方に馴染みが薄いかもしれないと考えられる。因果的思考その2の場面での「もし、反省しなかったら？」と原因へ介入を行った質問では、Harris等（1996）が2～3歳でも反実仮想は可能なことであると述べているように、本研究でも全員

の回答が見られ可能世界を予測することができた。

　実験結果から、物語理解において子どもたちは因果関係を瞬間的に把握し、因果的思考は年齢（学年）とともに発達していくと言える。

2．道徳性

　「ありがとう」と「感謝」など、同じ意味内容を持つものや同じ言葉が使われているものをまとめて分類すると因果的思考場面1、2の両方とも、思考内容は道徳的な見方でも捉えられた。因果的思考その1の場面は表24（p.87）の㋐のように分類できた。場面その2の分類はP.49〜50である。因果的思考1の場面では1年生には「ヘア」や「スキレル」という言葉が全く見あたらず、人とのかかわりにおいて考えるよりフクロウの言葉やニンジンを育てることが判断の決め手になっていた。2年生になると「ヘア」「スキレル」の言葉が表れてくるようになった（36.8％）。2年生の仲間意識の芽生え、脱中心化、社会化の現れと言えるだろう。原因判断においては、学年とともに、子どもたちの道徳的見方が変化しつつ影響を与えている。5年生はとても友情的であり、6年生については内面的自立的見方へと変化していた。

　Piagetに道徳性についての発達段階の理論がある（1930）。人間の発達を親子関係と友人関係の2つの視点から捉え、友人関係は、青年が親から自立していくうえでの「受け皿」として、決定的に重要なものとしている（関口，2007）。「おかあさんのしっぽをあげようか」と記述していた1年生から、6年生への原因判断において他律から自律の方向への様相が現れ、5年生が友情的に考えて（76.2％）いるのも道徳性の発達段階として捉えられる。因果的思考その1の場面の道徳的分類と道徳的変化は、Kohlbergの道徳性発達段階（1971）をも連想させる（表24、25）。

表24　反応分類と道徳性および発達段階との関連

反応分類		⑦道徳性	⑦段階
○フクロウがよこさないと助けないといったから		服従、従順	1
○おしえるかわりに、しっぽをもらおうと言ったから		報酬	2
○ヘアが言ったから	威張って言った、厳しく言った	服従、従順	1
	採れたてニンジンを食べたいといった	人のため（他者を喜ばせ）	3
○みんなのため　食べさせたい　喜ばせたい		人のため（他者を喜ばせ）	3
○自分たちでニンジンを作る決心をした	畑は怖い、人のものをとるのはいけない	自立（原理原則）	6
	作れば、安心してたくさん食べられる		
○しっぽより命が大切	畑に行けば命をなくすかも	命が大切（原理原則）	6
	途中でイタチにおそわれるかもしれない		

表25　道徳性の発達段階（Kohlberg, 1971）

水準	段階
前慣習的水準	1.　罪と服従への志向
	2.　道具主義的な相対主義思考
慣習的水準	3.　対人的同調、「良い子」志向
	4.　「法と秩序」志向
後慣習的水準	5.　社会契約的法志向
	6.　普遍的な倫理的原理の志向

（『心理学辞典』2010より一部）

表26　因果的思考その1の質問①「あげましょう」といったのはなぜ？の回答の道徳的分類の人数

n：人数　（　）内%

思考内容	1年生 n = 20	2年生 n = 19	5年生 n = 21	6年生 n = 21	合計 n = 81
服従的 （従順）	3 （15.0）	2 （10.5）	3 （14.3）	3 （14.2）	11 （13.5）
報酬的	8 （40.0）	8 （42.1）	4 （19.0）	3 （14.2）	23 （28.3）
人のため的	0 （0）	2 （10.5）	8 （38.1）	4 （19.0）	14 （17.2）
自立的	6 （30.0）	5 （36.3）	3 （14.3）	7 （33.3）	21 （25.9）
生命尊重的	0 （0）	0 （0）	0 （0）	0 （0）	0 （0）
回答なし	3 （15.0）	2 （10.5）	3 （14.3）	4 （19.0）	12 （14.8）

表27　質問③もう一度考えて、「あげましょう」といったのはなぜか書いてください。あなたはどうしてそう考えたのですか？　の回答の道徳的分類人数

n：人数　（　）%

思考内容	1年生 n = 20	2年生 n = 19	5年生 n = 21	6年生 n = 21	合計 n = 81
服従的	6 （30.0）	2 （10.5）	1 （4.8）	4 （19.0）	13 （16.0）
報酬的	5 （25.0）	2 （10.5）	2 （10.5）	2 （9.5）	11 （13.5）
人のため的	0 （0）	10 （52.6）	16 （76.2）	3 （14.2）	29 （34.5）
自立的	5 （25.0）	5 （26.3）	2 （10.5）	6 （28.5）	18 （22.2）
生命尊重	0 （0）	0 （0）	0 （0）	6 （28.5）	6 （7.4）
回答無し 分類できず	4 （15.0）	0 （0）	0 （0）	0 （0）	4 （4.9）

Piagetは道徳規範が完成するのは形式操作能力の完成時期（関口, 2007）、Kohlbergは6の段階はごく少ないとしている。実験の結果は、被験者の小学生の子どもたちは物語理解における原因判断において高い段階の道徳性について説明することができることを表している。被験者の子どもたちは補助データによると、1年生75％、2年生31.6％、5年生57.1％、6年生63.2％が「あなたなら、しっぽをあげましたか？」に「あげない」と回答している。物語には自分とは違った視点からの出来事や行為、登場人物が描かれる。6年生にはフクロウの行為に対して「ずるがしこい」「ケチ」「なんで？」「別のものでも」「図々しい」という記述が見られる。

　一方、ラビットの行為に対しては、感想文も含めて「やさしい」「勇気がある」「わたしにはできそうもない」「見習いたい」と記述されている。「あげない」という回答の中には「私なら違う人に聞く」と、学んだ因果関係を基に可能世界を考えているものが見られた。日常経験したことのない道徳的因果関係に触れ、納得したり批判したりしながら道徳性も高まっていくであろう。因果的思考その2の幸せを考える場面で、1年生の「あたまでかんがえたから」（知恵）はこの質問の中では81名中ただ1人の回答であるが、ラビットに大切なことを学んでいる。

　補助データ「あなたなら、助けに行きましたか？」の質問には全体で86.1％の子どもたちが「いく」と回答し、「あなたは、みんな、いっしょに幸せになるためどうしたいですか？」では、「けんかをしないでなかよくする」が回答者67人中55.2％で最も多かった。作品から影響を受けたと思われる結果であった。「子どもが操縦士になる話」（p.16）では、その子どもが持っている法律や社会規範についての因果関係がお話の中の因果関係に矛盾を感じての発言であったと考えられる。Gopnikが述べているように、学んだ因果関係は後の因果関係へ手助けとして働いていることが本研究において

も明らかであった。

3. 今後の課題とまとめ

　物語と聞き手の子どもたちの相互作用によって、物語の理解は進められる。理解過程における因果的思考がお話を聞いている最中も行われており、また、思考場面を設定することにより、出来事と出来事の関係を明らかにし、登場人物の心の因果関係判断が真実に迫っていくことが実験を通して捉えられた。物語理解過程での因果的思考は日常からの学びを基に思考構造、因果構造の表象、論理性、スキーマ、また道徳性等、多くのことが細かく絡み合っており、学年・年齢と共に変化し深まっていくことが研究を通して明らかにできた。読み聞かせを終えての感想文には、「しっぽをあげるような行為はできないが強い心は持ちたい」とか、自己中心的な見方が周りに及ぼす影響を考えたり、みんな一緒に幸せに暮らすために自分はこれからどうするかを考えたりするなど、自己の変革が感じられるものが多かった。子どもたちは学んだ因果関係の知識を因果マップとして脳内に蓄え、常に、あるいは時としてそれを引き出して可能世界を想像し、新しい道を切り開いていくだろう。子どもの回答に、「ありえないことだから」との記述が見られた。架空の中の出来事でも現実の生活が密かに投影されていることにも気が付くだろう。本研究から因果的思考が、推論する力、世界を変革する力、未来への道を切り開く力を期待できるものであると言える。

　本研究では課題解決のため、いくつものなぜを設定する実験的試みをすることで多くの示唆を与えられた。今後通常の読み聞かせにおいて、物語理解過程で子どもたちに生じる「なぜ？」「どうして？」や多様なつぶやきに耳を傾け、因果的思考を大切にしていきたい。お話の展開を楽しむと同時に、個々の因果的思考を探るための「なぜ？」の質問紙やインタビューも楽しいことだったと述べて

いる子どもたちがいた。思考する場や方法についても検討したい。

　本実験に際して被験者の子どもたち全員が真剣に回答を寄せてくれた。どのような環境におかれていても子どもは物語に心を開いて自由な思考を無限に広げていくと感じた本研究であった。物語を聞いている時の子どもたちの様々な反応から、その内部プロセスを知りたいという課題を持って研究に取り組み、因果的思考という一つの鍵を見つけられたことは大きな成果であった。さらに年齢層を広げて、因果的思考を探りたい。

引用文献

Beaugrande, R. & Dressler, W. 1981　Introduction to text linguistitics.Longman. 池上嘉彦ほか（訳）1984　『テクスト言語学入門』紀伊国屋書店

Flavell, J.　1963　『The Developmental Psychology of Jean Piaget』,（上）岸本弘・岸本紀子,（下）植田郁郎（訳）1970　『ピアジェ心理学入門』明治図書

Gopnik, A, Glymour, C. Sobel, D. Schulz, L. Kushnir, T. & Danks, D. 2004. "A Theory of Causal learning in Children:　Causal Maps and Bayes Nets." Psychological Review 111（1）（Jan.）:3-32

Gopnik, A. 2009　『The Philosophical Baby』　青木 玲（訳）2010, 『哲学する赤ちゃん』亜紀書房

Harris.P. German, T. Mills, P. 1996　"Children's use of counterfactual thinking in causal reasonihg"　Cognition 61（1996）233-259

邑本俊亮　2005　『文章理解についての認知心理学的研究』風間書房

森　比佐志・菊池俊治　1979　『つきがみていたはなし』こぐま社

シャーロット・ゾロトウ文　みらいなな訳　1997　『けんか』童話屋

永盛善博 2008　早稲田大学大学院教育学研究科紀要別冊　15（2）59-69

岡林春雄　2006　『認知心理学入門』金子書房

岡林春雄　2010　『介護・看護の臨床に生かす知っておきたい心のしくみ』　金子書房

Piaget, J.1927 "La Causalite physique chysique chez 1'Enfant." Librairie Felix Alcan、岸田秀（訳）1971　『子どもの因果関係の認識』　明治図書

内田伸子　1985　『心理学辞典』　中島義明・安藤清志・子安増生・

坂野雄二・繁桝算男・立花政夫・箱田裕司（編集）2010，因果的思考　46，有斐閣

関口昌秀　2007　神奈川大学心理・教育研究論集　26　159-171

瀬田貞二　1980　『幼い子の文学』中公新書

高取憲一郎　1995　『ピアジェ心理学の世界』　法政出版

涌井良幸・涌井貞美　2012　『ベイズ統計学』ナツメ社

Uttley, A. & Tempest, M. 1929　『THE LITTLE GREY RABBIT TREASURY』　石井桃子・中川李枝子（訳）1995　『グレイ・ラビットのおはなし』岩波書店

Vygotsky, L. S. 1922　『Психология Искусства』　柴田義松（訳），2006，『芸術心理学』，学文社

山梨子どもの本研究会　1972 ～ 2013　『実践記録集1 ～ 6集』

第2部　資料編

資　　料

『グレイ・ラビットのおはなし』（アリソン・アトリー 作　石井桃子・中川李枝子 訳　岩波書店）

「第一話　スキレルとヘアとグレイ・ラビット」分析表

物語の展開 →因果的関係	（・）予想される子どもの反応 （→）因果的関係	聞き手の深層心理
(1) むかしむかし、森のはずれの小さい家に、野ウサギのヘアと、リスのスキレルと、小さい灰色ウサギのグレイ・ラビットが、すんでいました。	(1)・3匹（人）が一緒に住んでいる。種類が違うので友達かな	人と人とのつながり 家族という単位 　（家族：辛い時も楽しい時もある）
(2) ヘアは、ふだんの日は、青い上着をきていて、日曜日には、赤い上着をきる、うぬぼれやでした。スキレルは、ふだんの日は、茶色の服をきていて、日曜日には、黄いろい服をきる、いばりやでした。	(2)・うぬぼれや？ ・おしゃれ ・リスはいばりや ・前頁の絵は日曜日だ	・人はそれぞれちがった性格（キャラクターは色々）
(3) でも、グレイ・ラビットは、いつでも、白いカラーとカフスのついた、灰色の服をきていて、ちっとも、いばりやではありませんでした。	(3)・グレイ・ラビット挿絵でわかる 　いばりやではない	
(4) まい朝、小鳥たちがさえずりはじめると、→グレイ・ラビットは、屋根うら部屋のベッドからとびおきて、下の台所にかけおります。	(4)・早起きだ	・さえずりで始まる朝（自然から受ける喜び）
(5) それから、まき小屋にまきをとりにいき、火をたきつけると、つぎに、前庭をながれている小川から、やかんにいっぱい、きれいな水をくんできます。	(5)・まき小屋？ ・森だから冷たそう	
(6) お湯のわくまに、ラビットは、台所のゆかをはき、ほこりをはらい、小さい椅子を三つ、テーブルのまわりにならべて、白地に青の格子模様のあるテーブルかけをかけます。	(6)・ラビットは働き者 ・挿絵にある	・お母さんのようにはたらいている ・お母さんのようだ（善良、献身、真心、理想像、保護、過保護）
(7) それから、食器戸だなの上にのっている缶のなかの、ドライ・ヒナギクの花を土びんにいれて、お茶をつくりました。	(7)・花のお茶だ	

96

物語の展開 →因果的関係	(・) 予想される子どもの反応 (→) 因果的関係	聞き手の深層心理
(8) そうしたことがすんだあとで、グレイ・ラビットは、スキレルとヘアをよびました。 「スキレル、おきなさい！ ヘア、ヘア、朝ごはんのしたくが、できたわよ。」	(8)・ラビットは2人の面倒を見ている ↓	
(9) ヘアとスキレルは、目をこすったり、耳をもぞもぞさせたりしながら、のろのろ、下におりてきました。	(9)・二人とものんびりしている	・怠け者のヘアとスキレルと働き者のラビットとの対比
(10) でも、もうそのとき、グレイ・ラビットは庭に出て、レタスをつんでいました。	(10)・素早い ・新鮮なレタスを採る	
(11) 「おはよう、グレイ・ラビット。」と、ヘアはあくびをしながらいいました。 「なんだい、またレタスか。いや、まったく、朝ごはんには、なにかほかのものをかんがえてくれなくちゃ、こまるなあ。」	(11)・わがまま ・ひとまかせ ・贅沢	・依存心をもつヘア（受け入れがたい部分、しかし自分と似ているかも）
(12) 「おはよう、グレイ・ラビット。」と、スキレルもいいました。「牛乳は、どこ？」	(12)・じぶんでさがさないスキレル ↓	
(13) 「まだ、こないのよ。」グレイ・ラビットは、うなだれてこたえました。	(13)・二人から言われている ・ラビットのせいじゃないのに ↓	・スキレルも依存 ・攻撃はつらい
(14) 「チッ！」と、スキレルは舌うちをしながら、さけびました。「また、おくれたの？ほかの牛乳屋に、かえなくちゃ。」	(14)・スキレルはいばってる	
(15) ちょうどそのとき、「トン、トン、トン」と、ドアをたたく音がしました。 グレイ・ラビットは走っていって、ドアをあけました。	(15)・何だろう ・だれだろう	
(16) すると、そこに立っていたのは、牛乳屋のハリネズミでした。	(16)・ハリネズミが牛乳屋	・人と人とのつながり（社会の連帯性）

物語の展開 →因果的関係	（・）予想される子どもの反応 （→）因果的関係	聞き手の深層心理
(17)「もうすこしで、ここへ、こられないところだったよ。」とハリネズミはいいました。「おそろしいことが、おこったんだ！ イタチが森にやってきて、すみついたんだ。→暗くなってから外に出るのはあぶないと、みんながいってる。」	(17)・何だろう 　　・イタチが出た 　　・イタチをみんなこわがっている	・ハリネズミは外部の大切な情報屋さん ・森での生命を脅かすもの（自然界に潜む脅威）—イタチは象徴
(18)「ああ、なんてこと！」と、グレイ・ラビットは、つぶやきました。「あなたがぶじでいて、ほんとによかったわ。どうぞ、用心してね、ハリネズミさん。たとえ、あたしたちは、牛乳なしですますにしても。」	(18)・ハリネズミのことを思いやっているラビット	・真心（通じ合う心）
(19)「ありがとうよ、かわいい子さん。」といって、ハリネズミは、にっこりしました。「おいぼれても、おれに針が何本か、のこっているかぎり、おまえさんたちの牛乳は、はこんでくるよ。じゃ、さよなら。おまえさんこそ、用心してな。家のなかにいる文句屋たちにも、気をつけるよう、おしえておやりよ。」そして、ハリネズミは、よたよた、歩いていってしまいました。	(19)・ハリネズミは自分のことを心配してくれて嬉しいんだ 　　・ヘアとスキレルのことを文句屋といっている 　　・ハリネズミはとしよりだ (17)　(18)　(19)	・他者からの評価
(20)「なにを、そんなにながいこと、しゃべってたのよ。」スキレルは、おこったようにいいました。	(20) スキレルは威張ってる	・自己中心的なスキレルとヘア
(21)「牛乳屋は、なんで、おくれたんだ？」ヘアは、きびしい声できききました。	(21) 厳しく言わなくたって	
(22) グレイ・ラビットは、じぶんの椅子を、ヘアたちのほうへひきよせて、いいました。「イタチが、このちかくの森へ、ひっこしてきたんですって。」	(22)・小さな声で話さなきゃ 　　・もしかしてイタチがきいてるかも	

物語の展開 →因果的関係	(・) 予想される子どもの反応 (→) 因果的関係	聞き手の深層心理
(23)「え、イタチが?」と、スキレルはいいました。「ふん! だれがイタチなんか、こわがるっていうのよ。」そうはいっても、スキレルは、窓をしめ、だん炉の火をかきたてて、牛乳をのむあいだじゅう、火かき棒をにぎっていました。	(23)・強がり言ってる ・ほんとうは怖がっている (22) (24)・だれ? イタチかも ↓ (25)・イタチを恐れている	・多面性（強がりの中に潜む小心）—親近感 ・生命への危険
(24)「コツ、コツ、コツ。」ドアをたたく音がしました。	(24) ↓・イタチかな	
(25)「あれ! だれだろ!」と、スキレルが心配そうにいいました。	(25) (24) ↓	
(26) グレイ・ラビットは、玄関までいって、ドアをちょっぴり、あけてみました。「まぁ、郵便屋のムネアカ・コマドリさんが、手紙をもってきたのよ。」と、グレイ・ラビットはさけびました。「コマドリさん、おはいりなさい。だれかとおもって、びっくりしたのよ。あなた、ニュースをきいた?」	(26)	・人と人とのつながり 社会の連帯性
(27)「イタチのニュースかね? ああ、きいたとも。歯のとんがった、とてもでっかいやつなんだ。やみ夜に、あゆうやつにあうのは、ごめんだね! さて、ぼくはいかなくちゃ。小鳥たちに用心するよう、いってまわらなくちゃならないから。」そうして、コマドリは、とんでいきました。	(27)・でっかいイタチと知っている。見たのかな (22) (27) (28)・イタチに会いたくないんだ ・とても怖がっている	・情報交換や助け合い ・好奇心—コマドリは見たことない鳥
(28) その日いちにち、ヘアとスキレルは、台所にじっとしていました。	・ほんとは弱虫	

物語の展開 →因果的関係	(・) 予想される子どもの反応 (→) 因果的関係	聞き手の深層心理
(29) グレイ・ラビットは二階にかけあがり、みんなのベッドを、きちんとなおしました。それから、ゆかをはき、ほこりをはらい、ふたりのちらかしたところをかたづけました。	(29)・ラビットは忙しい	・献身するラビット
(30) そのあと、バスケットをもって、おつかいにいく用意をしていると、スキレルが声をかけてきました。	(30)・おつかいにも行くんだ	
(31)「あたしに、ラシャガキ草のブラシをとってきてね。しっぽに、ちゃんとブラシをかけなくちゃならないのよ。←すっかり、毛がこんぐらかってしまったから。」	(31)・ラシャガキ草のブラシ? ・外は、危険なんだよ	・面白い草、初めて聞く
(32)「それから、ぼくには、とれたてニンジンをもってきてもらおう。」と、ヘアがどなりました。←「もう、朝ごはんにレタスは、あきあきだ。」	(32)・また威張ってる ・ぜいたく言っている (17) (22)	・自分さえよければ 自分も言ったことあったな
(33) まっ白いカラーとカフスをつけたグレイ・ラビットは、バスケットをうでに、とっとと家を出ると、小川をとびこえ、森のなかへはいっていきました。けれども、あたりにはゆだんなく目をくばり、とてもとてもそっと走りましたので、→グレイ・ラビットの足もとの草は、ゆれもしなければ、へこみもしませんでした。一度は、うしろで、カサッという音がしましたが、こわかったので、→ふりかえりもしないで、まっすぐ走っていきました。心臓はドキドキして、まるではれつするかと思ったほどでした。でも、カサッという音は、ほんとは、ブナの木の葉のなかに、クロツグミがいただけのことでした。	(33) ・イタチがいるかもしれないから ・イタチじゃなくてよかった ・クロツグミ?	・緊張と恐怖（ドキドキ感） ・森の生き物―動物（多様な森）クロツグミ

物語の展開 →因果的関係	(・) 予想される子どもの反応 (→) 因果的関係	聞き手の深層心理
(34) 森を通りぬけたとき、ラビットは、ちょっとひとやすみしようとして立ちどまり、あまい草をかじりました。すると、生けがきのイラクサのあいだに、ラシャガキ草がはえていたので、とげだらけの穂を三本かみ切って、バスケットにいれました。	(34) (33) → (34) ・3本は3人分？ ・しまっておく分かな？	
(35) そのあと、たのしくなって、声をたててわらいながら、グレイ・ラビットは、おひゃくしょうの家の野菜畑まで、走っていきました。表の門は、人が通るといけないので、石がきの穴から、はいこみました。それから、レタスをとびこえ、ルバーブの下をくぐりぬけ、ニンジン畑に出ました。	(35) ・わかった、ラシャガキ草って絵にあるのだね	・安堵 ・用心
(36) 「家で、ニンジンがつくれるといいんだけど。」といいながら、グレイ・ラビットは、ニンジンを一本一本、ひきぬいて、ていねいにバスケットの中にならべました。	(36)	・不安
(37) そのときです。きゅうに、「しゅっ、しゅっ！」という音がして、麻ぶくろが、グレイ・ラビットの上にかぶさり、その上を、だれかがらんぼうに、レイキでたたきました。	(37) ・人間だ、命を取られるよ逃げられるかな	・生命の危機
(38) グレイ・ラビットは、くらがりのなかで、息をつめ、レイキから身をかわすため、あっちへ、こっちへとにげました。一度は、どんとバスケットがたたかれ、バスケットは、もうすこしでこわれるところで、また、グレイ・ラビットの足にもあたりましたが、ラビットはにげまわりました。	(38) ・大丈夫？ ・逃げろ	 ・人間への脅威

物語の展開 →因果的関係	(・) 予想される子どもの反応 (→) 因果的関係	聞き手の深層心理
(39) そのうち、ふくろのすきまを見つけました。するりとぬけ出し、キャベツのあいだを、ひらりひらり、とびまわりました。	(39)・よかった。よく見つけた 　　・にげろ、逃げろ	
(40) おひゃくしょうは、すぐうしろをおいかけてきます。「このちびの、あくたれめ。」と、おひゃくしょうはどなりました。「いつも、わしのニンジンをとっていくのは、きさまだな。まて、つかまえてやるから。」	(40)	
(41) でも、グレイ・ラビットは、まってなどいませんでした。ニンジンは、みんなのものだと思っていたということなど、立ちどまってはなしているひまはありません。	(32)	・安堵
(42) グレイ・ラビットは、いのちがけで木戸をかけぬけ、草原をつっきり、森をめざして走りました。	→(35)→(36)→(37)(38)(39) (40)(42) ↓ (44) ↓	
(43) 森にはいったところで、すわりこみ、ひとやすみしました。	(45)	
(44)「もう二度と、あそこへはいきたくないわ。」といって、グレイ・ラビットは、あしのきずをなめ、スカンポの葉でほうたいしました。	因果的思考・反実仮想 〈決心したのはなぜ？〉 ＊おひゃくしょうの畑に行けば追いかけられる＊途中も怖い ＊命が危ない ＊二度と行くのはいや	・自分たちのことは自分たちでという決心―自立する心
(45)「じぶんたちのニンジンは、じぶんたちでつくらなくちゃ。カシコイ・フクロウに、やりかたをきいてみよう。」		
(46) グレイ・ラビットは、きたときとおなじように、しずかに走りつづけて、ぶじに家にかえりつきました。	(46)・よかった	

物語の展開 →因果的関係	(・) 予想される子どもの反応 (→) 因果的関係	聞き手の深層心理
(47) すると、ヘアは文句をいいました。「ずいぶんながい時間かかったなあ。ぼくのニンジンをとってきたかね？」	(47)・のんきだ ・ラビットは大変だったのに ・もとはきみのせいだ	・ヘアはニンジンのことだけ ・ラビットへの同情
(48) それから、グレイ・ラビットは、ごはんをつくり、たきぎをあつめると、すわって、ハーブをかわかし、あしたの用意をするというぐあいに、やすむひまなく、いそがしくはたらきました。	(48)・まったく休む暇なし 　ほんとに働き者	
(49) でも、ヘアとスキレルは、だん炉の火のそばにすわって、あたらしいまきをくべるほかは、なにもしませんでした。	(49)・思いやりがない グレイ・ラビットがかわいそう (17) ↓	・ラビットの変わらない献身と自己中心的なヘアとスキレルへ憤り ・手伝ってと言わないのかな
(50) 夜になりました。ドアには、かぎをかけ、かんぬきをおろし、よろい戸もしっかりしめて、みんなは、ねました。	(50)・イタチにおそわれないように用心している	
(51) ところが、月の光が窓からさしこみ、星がきらめきはじめると、グレイ・ラビットは、しのび足で階段をおり、ドアをあけました。空の月はまんまるく、星は，チカチカ、ほほえみかけていました。グレイ・ラビットは、つゆのおりた草の上に出て、しずかにドアをしめました。	(51)・起こさないように、おとをたてないように、そっと（推） ・きれい ・こわくないのかな ・フクロウのところへ行くんだな（推） ↓	
(52) どこもかしこも、白々とした銀色でした。木の葉や、草の葉はキラキラ光り、そこらじゅうから立ちのぼる、たくさんのあまいにおいで、→グレイ・ラビットの小さい鼻のあなはピクピクしました。	(52) ↓	・自然の感覚への刺激 視覚 聴覚 触覚 嗅覚 ・怖い森と楽しい森
(53) なんて気もちがいいんでしょう！	(53)	

物語の展開 →因果的関係	(・) 予想される子どもの反応 (→) 因果的関係	聞き手の深層心理
(54) 森のなかに、オオカミのようにひそんでいるイタチはこわいと思いましたが、グレイ・ラビットは、あたりのようすが、あまり美しいのがうれしくて、→おもわず宙がえりをうち、さかだちで立っていなくてはなりませんでした。だって、じぶんが、とても若々しくて、**自由だという気もちになれたんですもの！**	(54) 因果推論・反実仮想 〈自由だという気持ちになれたのはなぜ〉 ・甘い匂い、銀色、キラキラ光る木 ＊森に出なければ味わえない気持ち ＊一人なので味わえた	・一人でいる時の自然との融合 ・自然の浄化作用 ・(自由だという気持ちになれたんですもの！) 解放感 ・自分発見 ・豊かな自然への憧れ
(55) グレイ・ラビットは、わくわくして、三度も小川をとびこえてから、かけ足で森へむかいました。足あとが、草の上にのこりましたので、むきをかえて、あとずさりに歩きました。	(55)・かしこい ・イタチのことをかんがえて	
(56) それから、ホップしたり、スキップしたり、うしろをふりかえったり、また、木のあいだをくねってまわったり、ひとり、笑い声をあげたりしながらいきました。けれども、そのあいだに出会った冒険といえば、キジにぶつかったことだけでした。→キジは、びっくりして、金きり声をあげてとんでいきました。	(56)・楽しそう (45) ↓	
(57) とうとう、カシコイ・フクロウのすむ、うろのあるカシの木につきました。	(57)	・賢者としてのフクロウ、お話によくでてくる
(58) フクロウは枝にとまって、目をひからせて森のようすをうかがい、えものを見つけたら、とびかかろうと身がまえていました。	(58)・フクロウはやっぱりこわい ・ラビットは大丈夫かな ↓	・緊張感
(59) グレイ・ラビットが、いそいで「休戦」のしるしの、白いハンカチをふると、フクロウは、うなずきました。	(59)・休戦？　ちょっと待ってということ ↓	

物語の展開 →因果的関係	(・) 予想される子どもの反応 (→) 因果的関係	聞き手の深層心理
(60)「カシコイ・フクロウさん。」と、グレイ・ラビットははじめました。「どうしたら、おひゃくしょうさんの畑のようなニンジンをつくってくれるのか、おしえてください。」(Y)	(60)・勇気を出して言った↓ (61)・えっ？	
(61)「おしえるかわりに、何をくれる？」フクロウは、かんだかくさけびました。	(62) (44)→(45)→(58)(60) 　　　　　　　　　↓ 　　(61)(62)(63)(64) 　　　　↓ 　　(65)	・代償を払わなければならない自然界・社会
(62)「あら！　あたし、何も、もっていません。」グレイ・ラビットはいいました。		
(63)「いや、もっている。」と、フクロウはさけびました。「そのしっぽをもらおう。」「あたしのしっぽ？」グレイ・ラビットは、ぞっとしてさけびました。	・因果的思考・反実仮想 〈しっぽをあげたのはなぜ？〉 ・自分たちのニンジンは自分たちで作ると決心 ・二度と畑にはいきたくない ・しっぽをくれと言われたから 　＊しっぽがないなんてさみしい 　＊しっぽをあげなければ教えてもらえない	・自分だったら何をあげようか ・フクロウの言葉への驚きと恐怖 ・ラビットの葛藤 大切なものを失う悲しみと命を守ること ・生命を守るための決断―勇気 ・耐えなきゃならないこともある ・お百姓さんはよく種をまいてる
(64)「そうだ、おまえのしっぽだ。よこさなかったら、たすけてやらぬ。」(X2)		
(65)「あげましょう。」(Z2)グレイ・ラビットは、勇気をふるってさけびました。「でも、はやくすませてください。」	＊ニンジンを畑にとりに行けば命をなくすかもしれない。 ＊しっぽをなくす方がまだまし	
(66)フクロウはとびおりるなり、するどいくちばしのひとかみで、しっぽをかみ切り、きずあとをクモの糸でつついでくれました。そして、しっぽを、玄関のドアたたきとしてつるすと、いいました。「ニンジンをつくるには、ニンジンの種をまく。」	(66)・痛そう 　・かわいそう 　・ドアたたき？	
(67)「その種、どこで手に入れるのですか？」グレイ・ラビットはききました。		
(68)「村のはずれの、ばあさんのやっている、よろず屋の店で。」そういうと、フクロウは、羽を大きくはばたいて、とんでいってしまいました。		・しっぽじゃないけど、よくドアにつるしてある

物語の展開 →因果的関係	(・) 予想される子どもの反応 (→) 因果的関係	聞き手の深層心理
(69) グレイ・ラビットは、家のほうへもどりはじめました。じぶんの足あとをたどって、家にもどるのは、やさしいことでした。でも、ときどき、光った大つぶのなみだが草の上におちて、ラビットは、ためいきをつきました。	(69)・かわいそう	・ラビットへの共感
(70) そして、グレイ・ラビットが、道のかどをまがったとたんのことです。ずっとさきのほうに、イタチのすがたが見えました。イタチはむこうをむいていて、しきりに足あとをしらべているところでした。	(70)・危ない 　・グレイ・ラビットの足あとだ	・緊張
(71)「ああ、」とイタチはさけびました。「小ウサギが、この道をいったな。」そして、イタチは、その先へ走っていきました。	(71)	・ドキドキする
(72) イタチからずっとはなれて、あとをついていきながら、グレイ・ラビットの心臓は、ドキンドキンと鳴りました。	(72)	
(73) 小川についたとき、イタチは、わけがわからなくなったようです。小ウサギの足あとは、小川のこっちがわのも、むこうがわのも、水のほうにむかっていたのです。イタチは、ひげをこすって、いいました。「小ウサギめ、小川にころげおちて、おぼれたんだな。」そして、鼻をくんくんしながら、えものをさがして、小川についていってしまいました。	(73)・ラビットは賢い	・イタチに勝るラビットの知恵
(74) グレイ・ラビットは小川をとびこえ、家に走りこみ、階段をかけあがると、ベッドにもぐりこみました。そして、小鳥たちがさえずりはじめるまで、ぐっすりねむりました。	(74)・疲れたでしょう	

物語の展開 →因果的関係	(・) 予想される子どもの反応 (→) 因果的関係	聞き手の深層心理
(75) つぎの朝、牛乳を配達にきたハリネズミがいました。「あのイタチのやつ、夜のあいだに、この家をひとまわりしたらしいぞ。」	(75)・ラビットたちが狙われているという情報	・危険への情報
(76) 「いったい、きみ、しっぽをどうしたんだね?」ヘアが、朝ごはんのしたくに、いそがしく動きまわっているラビットを、じろじろ見ながらいいました。「あなた、しっぽをどこにおいてきたの?」と、スキレルも顔をしかめました。	(76)・ヘアとスキレルは意地悪、冷たい	・ヘアとスキレルへの反感
(77) 「カシコイ・フクロウにあげたの。」というと、ラビットはうつむきました。		・ラビットへの共感
(78) 「はずかしいことだ。」と、ヘアがいいました。「はずかしいぃぃ。」まけまいとして、スキレルもいいました。	(78) (77) (78)	
(79) 大つぶのなみだが、グレイ・ラビットのお茶のなかにおちて、カフスに、はねかえりました。ラビットは、とてもかなしくなり、→カシコイ・フクロウに、しっぽをかえしてもらいたいと思いました。	(79)	
(80) その日、おひるごはんがすむと、グレイ・ラビットはバスケットをもって、外に出ました。ヘアたちは、だん炉のまえでいねむりをしていて、→ラビットの出かけるのを見もしませんでしたし、また、窓がそっとあいて、黒い鼻がのぞきこんだことにも、気がつきませんでした。	(80) ・イタチだ	

物語の展開 →因果的関係	(・) 予想される子どもの反応 (→) 因果的関係	聞き手の深層心理
(81) グレイ・ラビットは、きのうとはべつの方角にまわり、小川をわたらないでいきました。その道のりょうがわには、スイカズラやキイチゴの枝が、おおいかぶさるようにしげっていました。	(81) ・また、新しい植物を発見	・森にはいろいろある ・キイチゴは知ってる
(82) 村についてみると、あたりは、たいへんしずかでした。←子どもたちは学校にいっていて、農夫たちは、畑に出ていたからです。犬たちは、戸口の階段でねむり、ネコたちは、日なたぼっこをしていました。	(82)	
(83) 小さい灰色の影をひきずったグレイ・ラビットが、村の道をすべるようにやってきて、よろず屋のお店の外でちょっとためらい、あけはなしのドアから、すばやくはいりこんだのを見たものは、ひとりもいませんでした。	(83)・また見つかってしまうかも	
(84) グレイ・ラビットは、目をまんまるくして、あたりを見まわしました。そこらじゅうが、すばらしいものでいっぱいでした。バケツにフライパン、つぼにチーズ、ネズミとりにサクランボのお酒。ニンジンの種はどこかとさがしながら、グレイ・ラビットは、うろうろしてしまいました。	(84)・よろずやだからいろいろある	・○○のお店屋さんみたい
(85) バンチンおばあさんは、カウンターの台に頭をのせて、いびきをかいていました。	(85)・今度はおばあさんだ ・眠っている	
(86) いったい、種は見つかるでしょうか？ と、そのとき、ニンジンの絵のついた紙ぶくろが、ほかの紙ぶくろとならんでいるのが目にとまりました。それから、レタスにアカカブ、パセリにキャベツの紙ぶくろもありました。	(86)	・盗む行為へ疑問

物語の展開 →因果的関係	(・) 予想される子どもの反応 (→) 因果的関係	聞き手の深層心理
(87) グレイ・ラビットは、大いそぎで、どれも、ひとふくろずつひっつかみました。それから、黄いろい小鳥の絵がついている、「カナリアの種」とかいてある大ぶくろに気がつき、それもひとつ、とりました。「この種を野菜畑にまけば、ニンジンだけでなく、黄いろい小鳥もはえてくるんだわ。」と、グレイ・ラビットは思いました。	(87)・たくさん盗ってるな ・カナリアは鳥だよ	・盗むと捕まる ・小鳥は餌を食べる ・買いに行ったことある ・ユーモア この作者面白い 解放感
(88) そのふくろはおもくて、バスケットにおしこむとき、音をたてました。→それで、おばあさんが目をさましました。「どろぼう！ マライア、たすけて‼」	(88) ・見つかっちゃった	
(89) グレイ・ラビットは、バスケットをとりあげ、表通りに走り出しました。でも、あたりは、しんとしていて、五羽のアヒルが、よたよた、道をよこぎっただけで、ほかにだれもいませんでした。	(89)	
(90) 家までの道は、ゆかいなものでした。木々の枝のつくる影を、出たり、はいったりしていそぎながら、グレイ・ラビットは、これからの計画をいろいろかんがえました。「生けがきの下の芝生をすこしほって、石をどけよう。それから、ニンジンの種を、三れつ、まこう。それから、アカカブ。つぎにパセリ。まんなかのいいところには、小鳥の種。黄いろい小鳥がうまれてきたら、きっと生けがきに巣をつくるわ。」	(90) ・黄色い小鳥は生まれないよ	・やったことある ・ユーモアが面白い (緊張の中の笑い)

物語の展開 →因果的関係	(・) 予想される子どもの反応 (→) 因果的関係	聞き手の深層心理
(91)「そうだ。」あたらしいことが思いうかぶごとに、グレイ・ラビットは、いよいようれしくなって、いいました。「このふくろから、小鳥が百羽も、二百羽も、うまれるかもしれないし、こっちのふくろからは、ニンジンが百本も、二百本もでてきて、アカブも百本も、二百本も……あら、いったい、これはどうしたこと？」	(91) 　・ラビットが楽しそう 　・小鳥は生まれないよ	
(92) グレイ・ラビットはびっくりしました。	(92) ← (93) 　・事件が起こったぞ	・再び緊張
(93) というのは、家についてみると、ドアが、すっかりあけはなしになっていたのです。そして、なかには、だれもいません。グレイ・ラビットは二階へかけあがり、寝室や、屋根うら部屋や、物おき部屋をのぞきました。だれもいません。 台所の椅子は、ひっくりかえり、テーブルは、横たおしになっていました。ゆかには、ごくわずか、スキレルのしっぽの赤い毛がおちていて、すみには、ヘアの上着の片そでが、よごれて、のこっていました。	・イタチにやられた (80) ← (93) 　・やっぱりのぞいていたのはイタチ	
(94)「ああ、あたしのかあいいスキレル、あたしのだいすきなヘア。」グレイ・ラビットはなみだをながしながら、さけびました。「あのわるいイタチにつかまったの？」	(91) (92) (93) (94)	・ラビットの機転への期待
(95) グレイ・ラビットは、はさみとロープと棒をもつと、ともだちをさがしに出かけました。	(95)・はさみとロープと棒は何に使うんだろう	

物語の展開 →因果的関係	(・) 予想される子どもの反応 (→) 因果的関係	聞き手の深層心理
(96) イタチの足あとは、小川をわたっていました。そして、そのさきの道のかたがわは、おもいものをひきずったように、草がなぎたおされ、花はおれていました。→「ふたりをふくろにいれて、じぶんの家までひきずっていったんだわ。」足あとをしらべながら、グレイ・ラビットはつぶやきました。「かわいそうに、かわいそうに。どうぞ、生きててくれますように。あたしが、小鳥の種をえらぶのに、ぐずぐずしていたのが、いけなかったんだわ。」		・イタチと対決 生命を脅かすものと戦う
(97) なおも、グレイ・ラビットが足をいそがせ、くらい、陰気な林のあいだの道をゆくうち、やがて、黒い、みっともない家のまえに出ました。よろい戸はしまっていて、イラクサや雑草が庭にしげっていました。	(97)	
(98) グレイ・ラビットは、しげみの下にはいこみ、じっとまちました。	(98)	
(99) えんとつからは、ふとい、黒いけむりがたちのぼりはじめ、ぱちぱち、木のもえる音がきこえてきました。ドアがあいて、とても大きい、残忍そうなイタチが戸口にたちました。「やっぱり、もっとまきがいるわい。」と、イタチはひとりごとをいいました。「ああしておけば、やつらは、にげる心配はなかろう。」	(99) ・焼いてる？　煮てる？	
(100) イタチは、ドアをしめて、かぎをまわしました。そして、木々のあいだをかけまわって、たきぎをひろいあつめました。		

物語の展開 →因果的関係	(・) 予想される子どもの反応 (→) 因果的関係	聞き手の深層心理
(101)「ホーホウ、ホーフウ。」上から、フクロウの声がきこえてきました。	(101) ↓	・賢いフクロウの援助
(102) イタチは、立ちすくみました。←フクロウがこわかったのです。	(102)	
(103) フクロウは、グレイ・ラビットのいるのに気がつきました。フクロウは、このウサギが、じぶんの家のドアたたきの持ち主であるのを知っていました。	・フクロウが助けに来た	
(104) イタチが、頭の上の敵をにらんでいるのを見すまし、→ラビットはとび出していって、かぎをまわし、家に走りこみました。		
(105) すると、フクロウはとんで去り、→イタチは、ひたいのあせをふきました。「あぶねえとこだった。」と、イタチはいいました。		
(106)「さて、ヘアのむし焼きに、ドングリ・ソースかけというのは、どんなもんだ。」そして、イタチはドングリをひろうと、たきぎといっしょに手にもちました。		
(107) 家の中で、グレイ・ラビットは、よびました。「ヘア、スキレル、どこにいるの？ あたしよ。ラビットよ。」	(107) ↓	
(108)「ここだ、ここだ。ああ、たすけて、だいすきなラビット。」ふたりの、あわれな声が、ソファの下の、ふくろのなかからきこえてきました。	(108) ↓	・威張っていたヘアとスキレルの哀れな姿 ・逆転した姿

物語の展開 →因果的関係	(・) 予想される子どもの反応 (→) 因果的関係	聞き手の深層心理
(109) すばやく、グレイ・ラビットはふくろを切りひらき、ヘアとスキレルをすくいだしました。ヘアたちは打身きずだらけで、歩くのがやっとのありさまでした。	(109)・はさみが役立った	
(110) イタチが、家にはいってきました。		
(111)「はやく、二階へ。」グレイ・ラビットはさけびました。「このロープをつかって、窓から、にげるのよ。あたしは、あとからいくから。さ、いそいで。」それから、じぶんはだん炉の前のこしかけをひっつかみ、ふくろにもぐりこみました。	(110) ↓ (111)・ロープはこのためだった	
(112) イタチは、たきぎをほうりだすと、通りがかりにふくろをけとばしました。	(112) ↓	
(113) グレイ・ラビットは、ふくろのなかでキイキイないたり、うなったりしました。	(113) ↓	
(114) すると、イタチは、クスクスわらって、火の上にまきをおきました。	(114)	
(115) ラビットはこしかけの下で横になり、ふくろのあなからイタチを見はり、チャンスをまちました。		
(116) 二階のスキレルとヘアは、ロープをベッドにしばりつけ、下のイラクサの上にすべりおりました。ふたりは、やぶをこえ、イバラをかきわけて、にげました。		

物語の展開 →因果的関係	(・) 予想される子どもの反応 (→) 因果的関係	聞き手の深層心理
(117) イタチは、オーブンの戸をあけると、「やつら、まとめて、むし焼きとしよう。」と、つぶやきました。そして、料理用の油を天板にたらしました。それから、棒をとりあげると、ふくろをひっぱり出しながら、ラビットをつねり、ダン！　と、ふくろをなぐりつけました。グレイ・ラビットは、こしかけの足のあいだにもぐって、身をまもりました。ダン！　イタチは、こしかけの足を、さらになぐりつけました。でももう、何のなき声もきこえませんでした。 →「死んだ。りょうほうとも、死んだ。」と、イタチはいいました。「さて、オーブンは、あたたまったかな？」	(117) ・棒は作戦だった	
(118) イタチは、オーブンの戸をあけて、熱くなった天板をつかみました。そのとき、すばやく、グレイ・ラビットはふくろをぬけ出し、ドーンとイタチを天板のなかへ押しこんで、オーブンの戸をしめました。		・ヘンゼルとグレーテルのお話に似ている ・イタチとラビット逆転─焼きがまに入れるものと入れられるもの相互反転
(119) イタチのさけび声などきいていないで、グレイ・ラビットは、さっとかけだしました。そして、どんどん走って、ぶじに家につくまで走るのをやめませんでした。ラビットが、はあはあ、息をつきながら、あんらく椅子にこしかけたとき、やっとヘアとスキレルが、足をひきずって、かえってきました。		

物語の展開 →因果的関係	(・) 予想される子どもの反応 (→) 因果的関係	聞き手の深層心理
(120)「ああ、グレイ・ラビット。」と、ふたりは、口をそろえていいました。「いままでの、わたしたちのやりかたは、まちがっていました。もう、ぜったい、いばったり、失礼なことはしません。よくわかりました。あなたは、わたしたちを、イタチからすくってくれたんです。もし、あいつが、こんど、ここへ出てきたら――」	・今までのやり方は間違っていたとやっと二人が反省 因果的思考 〈イタチから命を守ることができたのはなぜ〉 情報 日頃の用心 勇気 ＼ 知恵・機転 →命 助け合い ／ 決断 少しの痛み	反省―変容 ・悪かったと反省して改める （ヘア、スキレル脱中心化） ・ぼくも反省して仲良くできたことがある ・謝れると気持ちが楽になる ・ぼくも助けて喜ばれたことがあった ・命を守るために大切なもの
(121)「もう、出てこないわ。いまごろ、むし焼きになってるわ。」と、ふたりのはなしをさえぎって、ラビットは、じぶんの冒険のようすを、すっかりはなしました。		
(122)「グレイ・ラビット。」と、スキレルは、おもおもしく前足をふっていいました。「あなたは、いつも、ゆり椅子にすわって、だん炉のそばにいなさい。そして、朝ごはんはベッドで、トーストとコーヒーをおあがりなさい。」		
(123) でも、グレイ・ラビットは、わらっていいました。「あたし、ベッドでねてなんかいたくないわ。はたらくの、すきだもの。トーストとコーヒーも、ほしくないわ。でも、ときどき、ゆり椅子にはすわりたいわ。そして、パーティはしたいわ。」	(123)・ラビットは今までと違って自分のことをすっかり話すことができた ・働くことが好きなんだ ・休みたい ・みんなで楽しみたい	
(124) それから、みんなは、いっしょにしあわせにくらし、アカカブと、ニンジンと、たまねぎの、みごとなしゅうかくをあげました。でも、黄いろい小鳥は、一羽も、はえてきませんでしたが。	(124) ・ヘアもスキレルも一緒に働く はじめのページの絵にあった	・楽しい家族 話せる、みんなで働く、楽しむ、助け合う ・人と人とのつながりで大切なもの

115

物語の展開 →因果的関係	(・) 予想される子どもの反応 (→) 因果的関係	聞き手の深層心理
(125) では、またこんど、グレイ・ラビットが、どうやって、しっぽをとりもどしたか、おはなししましょうね。	(45) ───→ (58) ～ (66) ↓ (87) (95) ～ (119) ↓ ↓ (124) ←─── (120) (122) 因果的思考・反実仮想 「見事な収穫をあげられたのはなぜ？」 　・ヘアとスキレルが反省して仲良く暮らした 　・一緒に働いた 　・グレイ・ラビットが自分たちで育てようと決心し辛抱強く真心を尽くしてきたから ＊みんなで働かなければたくさんとれない 因果的思考・反実仮想 「みんないっしょにしあわせなくらしになったのはなぜ？」 (94) ↓ (95) ～ (119) ＼(120) ↓ ↓ (124) ←─── (122) ・命を救ったから ・反省したから ・あらためた (125)・しっぽを取り戻したお話を読みたい	・期待 幸福感 ・期待

実践記録による因果的思考

　子どもたちは物語を聞いて、はたして因果的思考を行っているのだろうか。1972年に発足した「山梨子どもの本研究会」は、家庭・地域・幼稚園・学校において読み聞かせを行い、その実践を記録に残してきた。その中の一部であるが分析を試みた。

表　読み聞かせ時に見られた因果的思考

書名	学年	場面	反応 つぶやき＊　読み手の問いかけに○　感想文△
『つきがみていたはなし』 森 比佐志作・菊池俊治絵 こぐま社　1979	1	動物が橋がないと気が付く	＊だから動物たちが来なかったんだ。
『とうちゃんのトンネル』 原田泰治　作・絵 ポプラ社　1980	3	父ちゃんがトンネルをほる決心をするなぜそんなことを考えたのでしょう	○・姉ちゃんがお嫁に行くときお赤飯たべさせてやれなかった。 ・おかぼに水がやれなくてとれなかった。 ＊この絵暗いね。好子姉ちゃんがいなくなったからかな。 △つえ一本あればどこへでも行けるようになったね。きっともんしろちょうや花を見て、ぼくも頑張ろうと思ったんだね。

書名	学年	場面	反応 つぶやき＊　読み手の問いか けに〇　感想文△
『うさぎの島』 イエルク・シュタイナー　ぶん イエルク・ミュラー　え ほるぷ出版　1984	5	灰色うさぎは震えてきた	〇怖かった。食べるものはないし外の世界はわかんない。 △人間はとても恐ろしいと思いました。どうしてかというと灰色うさぎの豊かな記憶を奪ってしまうからです。だから灰色うさぎが茶色うさぎに話しかけられても、嘘のことを言ってしまったのです。自分が殺されるところを天国みたいな所などと思い込むのはとてもかわいそうだと思いました。
『フレデリック』 レオ・レオニ　作 好学社　1991	2	フレデリックだけはべつ。 のねずみたちはおしゃべりするきにもなれない	＊仲間はずれかな？ ＊寒いし、辛いから。口も冬になるとざらざらになって震える。食べ物がないから元気がない。
『ニコラスどこへ行っていたの』 レオ・レオニ作 佑学社　1988	2	ニコラスはどうして寂しく感じたの	〇だれもいなくなったから。 〇旅立ってしまったから。 〇一人になって赤い木の実もおいしくないくらい寂しかった。
『ニレの木』 フィリッパ・ピアスさく 岩波書店　1972	4		△涙はニレの木をきりたおしてしまって悲しくなった涙ではないか。

118

書名	学年	場面	反応 つぶやき＊　読み手の問いかけに○　感想文△
『けんか』 シャーロット・ゾロトウ文 童話屋　1997	1	スクールバスにのったら 他の子の席へ行っちゃうし	＊なんでいっちゃうの？ ＊前のページできらいっていったわけがやっと分かった。
『どろんここぶた』 アーノルド・ローベル作 文化出版局　1971	1	だいきらいなものがありました ほら、ぶたごやにまた	＊わかった、そうじきだ。すっちゃったもん。 ＊しらなかったんじゃあない。おばさん、きれいずきだから。
『ぶらぶらばあさん』 馬淵公介　文　西村繁男　絵 小学館　1996	1	「だめじゃ」なぜかおばあさんは魔法を使ってくれません	＊なぜ使わないの？（次ページ）そうか、その手があったのか。
ロバのシルベスターとまほうの小石 ウイリアム・スタイグ作・絵 評論社　2006	特別支援2	二どとむすこにあえまいと、話しあいました	＊なんか元気ない。（シルベスターが）帰ってこないからお母さんかなしくって泣いちゃった。
『新版宿題ひきうけ株式会社』 古田足日　作 久米宏一　絵 理論社　1996	6		△この会社をつくったのはまちがいだろうとは思ったけれど、友達との絆は深まったし、宿題のことについていろいろなことが考えられて、作ったからこそわかったことがあり、よかったなと思いました。
『わたしのきもちをきいて　1.家出』（絵だけの物語） ガブリエル・バンサン作 BL出版　1995	5	（絵）を見て	＊家出だ ＊遊ぶ人がいないのかな ＊学校がつまらないのかな ＊友達を探すために家出をしたのかもしれない

表中〇は語り手に「なぜ？」と問われて原因となる出来事や気持ちを答えたものである。作品の中に答えが書かれているものはそれを、書かれていないものは推論で答えている。何気なく因果関係を捉え損ねてしまう場合でも質問されることにより、立ち止まって考える。そのことにより読みの理解も深まる。学校で教師が読み聞かせを行う場合にはこの「なぜ？」の発問が多いことが実践記録から窺えた。

　絵本の絵や、挿絵についても因果的思考を行っている。子どもたちは耳でお話を聞いていながら絵の隅々までよく見ていて色々発見するのである。

質問紙・回答用紙

ラビットのこと　　　　年　名まえ（　　　　）

① 「あげましょう」といったのはどうしてかな？

② フクロウが
「そのしっぽをもらおう」とか
「よこさなかったら、たすけてやらぬ」といったとき
ラビットが考えたこと

うかんだことは全部書いて

③ もう一度、考えて「あげましょう」といったのはなぜか書いてください。

あなたは、どうしてそう考えたのですか？

しあわせなくらしを考える（インタビュー）　　　　年　名まえ（　　　　　　　　）

先生の質問	児童の答え		
① お話のはじめのころは、みんなで幸せに暮らしていた？ どうしてそう思うの？	はい　　　　　いいえ		
② ア、なぜ、みんなは、いっしょにしあわせにくらせるようになったと思う？　いくつでも、考えられるだけ言ってください。 （「わけ」ということばをつかって聞いてもよいです） イ、どうしてそう思うの？（一つ一つについて）	ア.	→	イ（あなたはどうしてそう思うの？）
③ もし、ヘアとスキレルが反省しなかったら？			

121

考えてみよう ・ なぜなぜ
①ニンジンをぬいたのはなぜ？

②「自分たちのニンジンは、自分たちで「つくらなくちゃ」と決心したのはなぜ？（グレイ・ラビットの心の中を想像して書いてください）

③夜の森で、ちゅうがえりやさかだちをしたのはなぜ？

④ヘアとスキルルがイタチにつかまっちゃったのはなぜ？

⑤ニンジンがみごとなしゅうかくになったのはなぜ？

お話を聞いてかんじたことや思ったことを書きましょう

122

研究・因果的思考回答数の比較

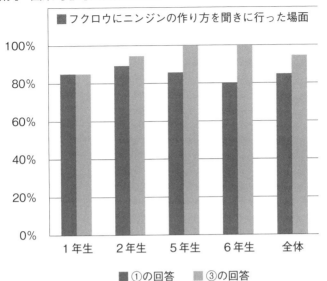

因果的思考その1　①③の回答数の比較

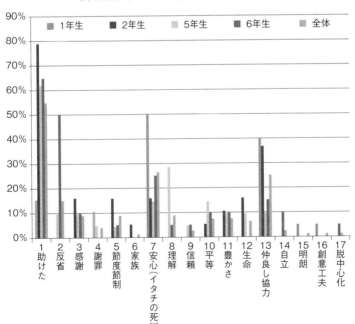

因果的思考その2　原因分類

劇的な場面の　1年・6年（抜粋）

質問／学年	ニンジンをぬいたわけ	「じぶんたちのニンジンはじぶんたちでつくらなくちゃ」とかんがえたわけ	夜の森でちゅうがえりやさかだちをしたのはなぜ？	ヘアとスキレルがイタチにつかまっちゃったのはなぜ？	にんじんがみごとなしゅうかくになったのはなぜ？
1年生	にんじんをみんなとたべるため	のうかのおじさんににんじんをとったのはおまえだなといわれたから	したくなったから	いたちがちかくにいたのにきづかなかったから	ふくろうにいわれたばしょにいってたねをもらってうえたから
1年生	いわれた	にんじんがたべたい	たのしくなった	イタチがふたりをつかまえようとした	いっぱいおせわをしたりみずやりをした
6年生	ヘアがニンジンを取ってきてくれと言ったから	百姓に捕まりたくないから。盗むのも本当はだめのことだから	自分が自由になれた気持ちだから	ドアがあいていたから。イタチが家を回っていたから。寝ていたから	協力して暮らすようになったし種もまけたから。協力したからやり忘れもなくなったから
6年生	ヘアにあげたかったから	人が一生けん命育てたものをとってしまうのは悪いと思ったから	にんじんをみんなで食べることを想像してうれしかったから	足あとを見て小川の方に行ったけどいなかったから真っすぐ行って見つけたから	みんなで幸せになって仲良く育てたから

3年生（9歳）への読み聞かせ

研究と同様の実験的試みを行った３年生の回答例（語り手は読書ボランティア）

○フクロウとの応答場面の瞬間的な因果的思考を探る。

質問①　「あげましょう」といったのはどうしてかな？

　　　　回答：こわかったから

質問②　フクロウが「そのしっぽをもらおう」とか

　　　　　　　　　　　　「よこさなかったら、たすけてやらぬ」と

　　　　　　　　　　　　いったとき

　　　　　　　　　　　　ラビットが考えたこと

　　　　回答：なんでしっぽがいるのかな。

　　　　　　　どうやったらしっぽが取れるのかな。

　　　　　　　スキレルとヘアのためならしっぽをあげよう。

質問③　もう一度考えて「あげましょう」といったのはなぜか書いてください。

　　　　回答：こわかったから。

　　　　　　　ニンジンがつくれるようになりたいから。

　　　　　　　あなたはどうしてそう考えたのですか？

　　　　回答：ヘアがニンジンを食べたいといったから。

○しあわせなくらしを考える（インタビュー）

質問①　お話のはじめのころは、みんなで幸せに暮らしていた？

　　　　回答：いいえ

　　　　どうしてそう思うの？

　　　　回答：ヘアとスキレルがもんくばっかりいっていたから。

質問②ア、なぜ、みんなは、いっしょにしあわせにくらせるようになったと思う？　いくつでも、考えられるだけ言ってください。

　　　　回答：グレイ・ラビットがヘアとスキレルを助けてヘアと

　　　　　スキレルが感謝した。

　　　イ、どうしてそう思うの？

　　　　　回答：グレイ・ラビットに感謝して、今までのようにもん

　　　　　　　　くをいわなくなったから。仲良くなったから。

質問③　もし、ヘアとスキレルが反省しなかったら？

　　　　　回答：はじめと同じで幸せにくらせなかった。

○考えてみよう"なぜなぜ"

①ニンジンをぬいたのはなぜ？

　　　　　回答：ヘアにたのまれたから。

②「自分たちのニンジンは、自分たちでつくらなくちゃ」と決心

　　したのはなぜ？（グレイ・ラビットの心の中を想像して書いて

　　ください。）

　　　　　回答：他の人の野さいだと自由に取れなくて、自分の物だ

　　　　　　　　と自由に取れるから。

③夜の森で、ちゅうがえりやさかだちをしたのはなぜ？

　　　　　回答：ニンジンの作り方を聞けるから。うれしい。周りの

　　　　　　　　景色が美しくてうれしかったから。

④ヘアとスキレルがイタチにつかまっちゃったのはなぜ？

　　　　　回答：ラビットがいなくてねていたから。

⑤ニンジンがみごとなしゅうかくになったのはなぜ？

　　　　　回答：幸せにくらしていたから。仲良くみんなで育てたか

　　　　　　　　ら。

○補助データ　質問「あなたなら、どうしますか」
　　質問1　　あなたなら、しっぽをあげましたか？
　　　　回答：あげない
　　　　　　それはなぜですか？
　　　　回答：ひどいヘアとスキレルのたのみは聞きたくない
　　質問2　　あなたなら、助けに行きましたか？
　　　　回答：行かない
　　　　　　それはなぜですか？
　　　　回答：こわいし、自分勝手だから
　感想
　最後にみんなが仲良くなったからよかったです。ヘアとスキレル
がひどいことを言ってもしっぽをあげるほど、グレイ・ラビットは
ヘアとスキレルのことを思いやっていたからやさしいと思いました。
私は、グレイ・ラビットのようやさしい人になりたいと思いました。

広がる認識　深まる思考
　―感想から見える子どもたち―

　人間と共存する自然界を舞台にしたファンタジー作品（絵本）である『グレイ・ラビットのおはなし―第1話―スキレルとヘアとグレイ・ラビット』の読み聞かせ後の感想から、さらに子どもたちの姿を見てみたい。関連している内容から次のような視点から探ることとした。

　　○登場人物について
　　　・主人公グレイ・ラビットのこと
　　　・ヘアやスキレルのこと
　　　・フクロウのこと
　　　・イタチのこと
　　○フクロウとの会話「あげましょう」の場面
　　○ヘアとスキレルを助けに行く場面
　　○物語の結末部分
　　○因果的思考　（なぜ？　どうして？　〜だから）
　　○反実仮想
　　○自分を振り返る
　　○これからの自分の生き方、人としての生き方
　　○その他

　　一覧表　感想の分析表
　　1年生・2年生・5年生・6年生（p.129 〜 132）

感想の分析表　1年生　17人

関連項目／子ども	登場人物				あげましょうの場面	ヘアとスキレルを助ける場面	物語の結末場面	因果的思考	反実仮想	自分をふりかえる	生き方	その他
	グレイ・ラビット	ヘア、スキレル	フクロウ	イタチ								
A				●								
B						●						
C				●		●						
D				●		●						
E				●		●						
F	●		●		●	●						
G				●	●		●					
H				●		●						
I				●		●	●					
J												●
K							●					
L				●								
M												●
N				●								
O	●											
P						●						
Q				●		●						

感想の分析表　2年生　18人

子ども（関連項目）	登場人物 グレイ・ラビット	ヘア、スキレル	フクロウ	イタチ	あげましょうの場面	ヘアとスキレルを助ける場面	物語の結末場面	因果的思考	反実仮想	自分をふりかえる	生き方	その他
A	●						●		●		●	
B	●					●			●			
C	●	●			●	●	●	●				
D	●								●			
E	●	●			●	●	●		●			
F		●										
G	●				●		●					
H	●						●	●				
I	●						●					
J	●	●					●		●			
K	●	●			●	●			●			
L	●			●		●						
M	●				●	●	●					
N	●		●						●		●	
O	●						●		●		●	
P	●				●	●						
Q	●					●			●	●		
R						●						

130

感想の分析表　5年生　20人

子ども＼関連項目	登場人物				あげましょうの場面	ヘアとスキレルを助ける場面	物語の結末場面	因果的思考	反実仮想	自分をふりかえる	生き方	その他
	グレイ・ラビット	ヘア、スキレル	フクロウ	イタチ								
A	●					●	●	●	●			
B	●				●	●						
C	●				●	●		●	●	●		
D	●	●				●	●	●				
E	●				●	●		●	●	●	●	
F	●					●	●	●				
G								●				●
H												●
I	●	●			●						●	
J	●	●			●	●	●	●				
K												●
L	●				●		●				●	
M	●					●	●	●				
N												●
O						●		●				
P	●	●				●				●	●	●
Q												●
R	●	●			●	●		●	●	●	●	
S	●					●						
T	●	●				●		●	●			

感想の分析表　6年生　18人

関連項目／子ども	登場人物				あげましょうの場面	ヘアとスキレルを助ける場面	物語の結末場面	因果的思考	反実仮想	自分をふりかえる	生き方	その他
	グレイ・ラビット	ヘア、スキレル	フクロウ	イタチ								
A						●		●	●	●	●	
B	●	●			●	●		●	●	●	●	
C	●	●			●	●			●	●	●	
D	●				●	●		●	●	●	●	
E	●				●	●		●			●	
F	●					●		●	●		●	
G		●			●	●	●	●	●	●	●	
H	●				●	●	●	●	●		●	
I	●	●	●		●	●		●		●	●	
J	●				●	●		●	●		●	
K	●				●	●	●				●	
L	●	●				●	●	●		●	●	
M		●				●	●	●		●	●	
N	●	●								●	●	
O	●	●				●		●		●		
P	●				●	●	●	●	●	●		
Q	●	●									●	
R	●				●	●	●			●	●	

132

感想文を読む
登場人物について

物語に主に登場するのは、森に住む、主人公の灰色うさぎのグレイ・ラビット、野うさぎのヘア、リスのスキレル、フクロウ、イタチである。

1年生は主人公のグレイ・ラビットより、もっぱら、主人公を脅かす悪の存在として登場するイタチのことを述べている。「イタチがくるときどきどきした」と言う。イタチはドキドキする不思議な存在なのだ。

イタチは足がはやいんですか。／おそいんですか。／イタチはうさぎを食べる、と好奇心が湧いている。また、物語の終わりに近い活劇的シーンとそのあとオーブンにおしこめられたイタチがどうなったのかに関心を持っている。

イタチがりすとうさぎをいすのところへおしこんだ。／オーブンでやかれたあとはどうなったんですか。

等。主人公グレイ・ラビットについては、「ひとりだけかわいそうだった。」と感情的理解をしていた。ワクワク、ドキドキするもの、スリルのあるものが好きな1年生である。

2年生になると、主人公のグレイ・ラビットや、野うさぎのヘアやリスのスキレルのことが増えて、物語の中の登場人物への認識が広がりを見せている。現実生活においても友達が増え、だいぶ社会性が見られるようになるこの時期、1年生から2年生への成長は著しいものがある。

ラビットはりょうりがうまそう。／グレイ・ラビットはともだちをたすけてゆうきがいっぱいあってすごいなあ。／やさしいラビットに私もなりたい。／グレイ・ラビットになってみたい。ゆうきがあって、やさしく、がまんできる、おそわれたときにげる、やってみたい。／すごいおもいやりのあるラビットになりたい。

と、主人公への憧れや願望が強く表れている。子どもたちのエネルギーが伝わってくる。

　語彙も表現力もついてきて、大分論理的になってくる5年生、かなり論理的になってくる6年生（研究を参照）になると、他の人物との対比の中で主人公を捉えたり、出来事に対応する様子から主人公を捉えたりすることが多くなっている。

　ヘアやスキレルがラビットに威張ったり頼んだりして、ラビットだけが働いたり、おひゃくしょうさんにおこられて、しっぽをあげて、かわいそうだと思う。／グレイ・ラビットがニンジンを盗んでいたけど自分から「ニンジンを育てよう」と決意したところが感動しびっくりしました。／ラビットはヘアというわがままなうさぎと、けちなリスとちがって優しくて思いやる気持ちを持った子です。(5年生)／ヘア、スキレルは自己中心的、ラビットは働き者／何を言われても怒らないラビットはとても大人だと思う。(6年生)

　また6年生には、ラビットを全面的に受け入れるばかりではなく、ラビットは優しすぎる。／とても勇気があることを考えると指図されているのはおかしい、と根拠を挙げての批判的思考が覗いている。

「あげましょう」の場面

　ニンジンを自分で作ろうと決心したラビットがフクロウにニンジンの作り方を聞きに行って「教える代わりにしっぽをもらおう」といわれ「あげましょう」と答えた場面。ここは動物世界を描きながら、背後に自立、命、真心、報酬といった要素が盛り込まれている場面である。また主人公の葛藤が予想され、前記の研究の実験的試み1で因果的思考をしたところである。それから時間が経過しているがどのように思っているのだろうか。「ふくろうがやりかたをおしえてくれるとき、しっぽをやってどきどきした。」という1年生。友達にしっぽないじゃんて言われてかわいそうだった。／びっくり

した。(2年生) ／しっぽも体の一部で痛いはず。かわいそう。ぞっとした。(6年生) ／勇気がある、すごい。(2、5、6年生) ／心強く心やさしく決断力がある。／二人のためにこんなことまでして頑張っているのは二人のことがすきだから。これから人に襲われることなくニンジンが取れるならしかたないと思ったと思います。(6年生)

なぜ「あげましょう」と言ったのかについて、再び原因の推論をしているのは5年生3人(15%)、6年生7人(39%)である。その中には新しい原因を考えている子どもが見られた。(後述)

また、「玄関のドア叩きにしてつるす」と説明があるものの、なおも、なぜフクロウがしっぽをほしがったのかと問うている(1、5、6年生)。納得がいかなければどこまでも問い返しているのである。

ヘアとスキレルを助ける場面

物語のクライマックスのこの場面は、どの学年も多くの子どもたちが取り上げている。元来、物語世界に何が起こるかに興味を持つ子どもたちであるが、加えてお話の進行が小気味よく、昔話のようなこの場面に引き込まれた証と思える。子どもたちはどこをどのように思ったのだろうか。

イタチがオーブンでやかれたあとはどうなったのですか。／3にんがぶじでよかった。(1年生) ／グレイ・ラビットのイタチをまるやきにしたシーンがすごかった。二人がぶじに助かったシーンがよかったなーと思いました。／ラビットが助けたからやさしかった。ラビットみたいにやっつけたい。／ゆうきがあってすごいなあ。(2年生) ／ラビットは怖いいたちに立ち向かえるくらいの勇気があったんだなと思った。／ラビットも助かったのは二人と一緒にいたいと思う気持ちが強いから。／二匹をラビットが必要と思ったから。(5年生T) ／　助けたのは気持ちが優しい。イタチをオーブンに入

れてしまうからびっくり。／ラビットの行動に感動。／ほんのささ
やかなことでも助けてくれたらうれしいと思います。ラビットは二
人のことが大好きなので、二人を絶対に助けないといけないと思っ
たと思います。／二人を迷いもなく助けに行ったけど、僕にはでき
ないことです。(6年生)

1年生の、「～のあとはどうなったの」という質問はこの期の子
どもの特徴でもある。

すごかった、すごいなあ、ラビットみたいにやっつけたい、よ
かった、びっくり、感動等、心が開かれて感情高揚の言葉がどの学
年にもみられる。学年が上がると、助けるという行動に至ったラ
ビットの心に想いを馳せ、ラビットの二人への思いの深さを想像し
て自分の言葉を駆使して表現している。

物語の結末

いろいろな劇的な出来事の末にみんなでいっしょに幸せな時を迎
えた物語の最終部分。

子どもが読む本の場合、最後は幸福な気持ちで終わるのが望まし
いが、この結末の場面に多くの子どもたちが安堵し、子ども自身に
も幸せな気持ちをもたらしている。

なかまがぶじでよかったです。おもしろかったです。なかよくく
らせてよかったね。(1年生)／鳥は出てこなかったけれど、やさ
いもいっぱいできてよかったです。ヘアが最初はいばりんぼだった
けどさいごはグレイ・ラビットとなかよくなれてよかったです。さ
いしょはやりたいことをいえなかったけれど最後はパーティをした
いとかいえてよかったとおもいます。(2年生)／ラビットが命が
けで助けたから最後に幸せになってよかった。／ラビットだけにお
しつけないで、みんなで一緒のことが同じようにできた。これでみ
んな幸せでいい家族だと思いました。／ラビットは2人を助けて3

人で仲良く暮らせたところが一番よかったなと思いました。(5年生)／結果的にラビットが幸せになれてよかったです。／二人が意地を張ったことを自覚して平等に暮らしていきました。(6年生)

　自由に言える、一緒にいられる、仲良くできる、収穫がいっぱいある、平等に暮らす等、幸せの様相の捉え方はそれぞれに違っていて多様であるが、良かったという安堵の気持ちはどの学年にも見られた。いいはなしだった、おもしろかったという1年生は、劇的な場面があった末に幸せになったお話を聞き終わって満足感、幸福感を感じた、まだ多くの言葉を持たないこの時期、直観的、情動的な1年生の精一杯の表現であろう。2年生は、「さいごになかよしになってよかったと思いました。僕もラビットみたいになりたいとおもいました、ヘアもスキレルも『グレイ・ラビットはやさしくてゆうきがあってぼくもなりたいな』と、おもっているとおもいます。」とヘアやスキレルの気持ちを推量している。また、6年生は、「ずっとそのまま幸せな暮らしを続けてほしいと思います。」と物語の未来への願望を抱いている。

因果的思考

　研究の実験的試みその1で1、2年生も全員が因果的思考をすることが認められた。感想では1年生は、イタチが二人を捕まえたのはなぜかとか、オーブンでやかれた後はどうなったのかなど疑問に思うにとどまっている。5年生と6年生には多く見られたが、それは5、6年生が言語能力が増し、文章で書かれた人の心を理解でき、論理的に細やかに表現できるまでに発達していることを意味していることでもある。ほとんどが原因の推論である。

　ヘアとスキレルがいたちにつかまった時、グレイ・ラビットが助けたからやさしい。(2年生)／ラビットはいつも一人で働いていて忙しい。なぜなら、ヘアとスキレルはいつものんびりしていて全

然働かない。／グレイ・ラビットはすごく友達思いだとおもいます。ヘアがニンジンを食べたいと言ったらすぐにとりに行って鞭でたたかれてもとってきたから。（5年生）／イタチに襲われた時「なぜ助けたのかな」と思いました。それはラビットの気持ちが優しいからだと思いました。しっぽをあげたのも優しいというのにつながっていると思いました。（6年生B）／ヘアとスキレルは自己中心的だからイタチに襲われたのだと思います。（6年生A）／ラビットはなんでここまでしてニンジンをとりにいったのか、それはやっぱり友達思いだからと思います。／助けたのは意地をはられても二人のことが大好きだから。（6年生）

　いずれもその行動が、人格、心が原因となっていると推論している。

　6年生Bさんは、研究の因果的思考その1では「しっぽをあげたのは、ニンジンの作り方を教えてほしいから」と回答している。感想ではラビットの優しさに起因しているという思考に到達している。因果マップも、<u>ニンジンを作りたい → あげましょう</u>　から　<u>優しさ → あげましょう</u>　と更新されただろう。

　因果的思考中、5年生が、イタチが2人をさらっていったのは、イタチのえさにしてしまうのだろうと結果の推論をしている。また、ラビットがヘアとスキレルを一生懸命救って二人が反省した結果として幸せになったと推論した6年生は、あれから笑顔でいっぱいの幸せな生活が続いていると思う、とさらにその先の物語の未来へ想像を膨らませている。

　願望や想像など作品に書かれていない物語の未来をも描く子どもたちである。

反実仮想

　反実仮想は、今、ここにある世界とは異なる世界を思い描くこと

である。（研究参照）。

　また、研究の実験的試み2では、みんな一緒に幸せになれた結末部分の因果関係の原因に介入した「もし反省しなかったら」という質問に全員が回答し、物語世界の中での反事実を思い描く反実仮想が子どもたちに可能なことであると確かめられた。研究の実験的試み1、2とも1年生の回答にも複数見られたが、ここで反実仮想が見られたのは2、5、6年生である。

　私もグレイ・ラビットみたいにだれかをたすけてみたい。／やさしいし、すごい思いやりのあるグレイ・ラビットにわたしもなりたい。（2年生）／二人が捕まった時、そんな二人のために僕だったら助けに行きません。（5年生）／ヘアとスキレルがいなくなった時ラビットが探しにいきました。もし、ラビットにとって二人が必要でなかったら探しに行っていなかったかもしれない。（5年生T）もし、自分がラビットの立場だったら何かを教えてもらうために体の一部をあげることはできない。／文句を言っている二人のためになんて僕だったら「無理」と言って立ち去るなと思う。（6年生）／私がグレイ・ラビットだったら、絶対に自分の体の一つのしっぽをあげないと思いました。（6年生B）

　実験的試みその2や補助データで「もし、あなただったら〜」の質問をしたこともあり「もし僕だったら、私だったら」と考えた子どもが多くなったのかもしれない。もし僕だったら、私だったらと登場人物や出来事を自分の世界へ引き寄せて考えている。特に「あげましょう」といった場面で反実仮想している子どもは、作品中の情報や推論によって主人公の心情や行動を自分なりに理解しつつも主人公とは異なる現実の自身の存在が垣間見える。

自分をふり返る

　ラビットのように強い心を持った人はすごいと思います。わたしだったらラビットのように自分の体の一部をあげるなんてできなかったと思います。（5年生E）／ラビットはすごい。私だったら二人のことをいくら好きでも休む暇もなく働いていたら疲れていやになってしまう。（5年生）

　物語の登場人物や出来事に投影して自分を見つめた、いわば自己認識、自己発見をしているのは6年生にとても多くなっている。また、5年生は主人公のグレイ・ラビットからの振り返りが多く、6年生は他の登場人物からの振り返りも見られた。

　自分は自己中心的、助け合いの精神に欠けるところがありますがこの本で欠けた部分もうまったように思います。（6年生A）／ヘアとスキレルがラビットにいろんなことをさせていたけど「自分のことは自分でしなきゃ」と考えるようになった。／自分と比べると賢さも勇気も全然違う。／自分も人に頼るという行動がある。／スキレルと意地っ張りなところは似ている。（6年生）等々。

自分の生き方、人としての生き方

　自分の生き方や人としての生き方に触れている5年生の25％から6年生は約83％と、5年から6年への飛躍がまた大きい。

　ゆうきのある人になりたい。／つよくなりたい。／人をたすけたい。（2年生）／グレイ・ラビットほどやさしくならなくてもいいけどラビットみたいに心が強くなってほしいと思いました。／この本を読んで、グレイ・ラビットのように人の役に立てることをしたいです。／友達を大切にしたいです。（5年生）／この本を読んで学んだことが二つあります。自己中心的だとよくないこと、もう一つは助け合いの精神です。（6年生A）／勇気のある人になってみんなの役に立ちたいです。／ラビットのように勇気を出して色々挑

戦したいです。／私も心強く心優しく接したいです。／自己中にならずみんなのことを考えて行動したいとあらためておもいました。／自分のことは自分でやることを心掛けたいです。／働き者で勇気のある人になりたいです。／友達のことや仲間のことをちゃんと思いやっていればいざとなったら助けてもらえると思いました。／自分勝手はよくない。（6年生）／学べたことがあったのでラビットのように優しい気持ちを持てるようにしたいです。／（6年生B）

世界を変えていく子ども

5年生Eさんの感想の一部をもう少し読み解いてみる。

ラビットはヘアとスキレルのために「あげる」なんていったのかなと思いました（因果的思考）。本を読んでもらって、ラビットのように強い心を持った人はすごいと思いました。（もし）私だったら、ラビットのように自分の体の一部をあげたりはできなかったと思います。でも、気持ちだけなら強くなれると思ったので、私もつよい心を持った人になりたいと思いました（反実仮想、可能世界）。

6年生Aさんは、ヘアとスキレルがイタチに襲われた場面で、作品中のそれまでの情報から因果的思考をして、<u>自己中心的態度→イタチに襲われた</u>　という因果関係を考えるに至り、その因果関係に介入して反実仮想し、<u>助け合いの精神→幸せになる</u>　と別の可能世界を想い描き、さらに自分は今までこの精神に欠けていたのでこの本で学んだことを生かしていきたいと自らの未来の世界を描いている。

6年生Rさんの場合。ヘア、スキレルにニンジンを食べさせたい→「あげましょう」といった（因果的思考の結果の因果関係）。私だったら、友達のためでも痛いからあげられない。頑張ってどうやればニンジンを育てられるか考える（反実仮想、可能世界）。

6年生Bさんも因果的思考から反実仮想、可能世界（今ここにあ

141

る世界と違う可能と考えられる世界、新しい生き方）を描いている。言葉の表現は違っていてもそのような例は感想の中に随所に表れている。

　5年生Tさんは、ラビットが二人を探しに行った場面で因果的思考と反実仮想をしている。探しに行っていなければ事態はもっと変わっていたはずである。物語世界であってもこのような経験ができていれば、現実の世界の状況をよく理解できるだろうし、また現実世界へ働きかけることができるであろう。

　なぜ、どうしてと世界を探究し、感情を揺さぶられたり学んだりして日々成長している子どもたちであるが、日常の世界だけでなく、子どもたちが述べているように、物語で学んだ因果関係の知識も子どもの世界を変えていくことに繋がっていく。子どもたちの感想から見てもその因果関係は心的なものが多くなる。物語と向き合って、主人公の生き方、登場人物同士の関わり合いや出来事に学び、因果関係を知って、あるいは因果的思考をして因果関係を考え、自分に引き寄せて自己を見つめ、可能世界を描きつつ、人としての生き方を、子どもたちは真剣に考えている。子どもたちの語る言葉は自由で生き生きとして多様であり、その言葉の一つ一つが瞬く星のようにだんだん輝きを増してくる。そして、そこに真理に触れる言葉が見えて驚く。感想を分析的に見たので言葉の全てを載せられなかったが、学ぶことの多いものであった。

　また、関連項目「その他」とした中にも、子ども・本・読み聞かせに示唆を与えてくれるものが多く見られた。
　・面白かった。
　・絵がとてもよかった。
　・絵が小さくてよく見えなかったので絵を想像しながら聞いた。

- フクロウは肉食系と分かった。
- 先生が楽しそうに読んでいた。
- 読んでもらってよかった。
- 本が好きになった。とてもいい本だった。本は面白いともっと思った。
- この本を読みたい。つづきを読みたい。
- 次は尻尾を取り戻した話とあったけれど尻尾はかえしてもらえたんでしょうか。
- ラビットが空を見て逆立ちしたところが特に面白かった。
- 読んでもらっているときつづきがとても気になった。
- 難しい言葉もあったけどなんとなく理解できた。
- 思ったより内容が濃くいろいろなことを知ることができた。
- イタチの時フクロウが来て助けてくれました。
- インタビューやしつもんがたのしかった。

物語理解とABC理論

　前述のように、読み聞かせを通し物語を理解した時、子どもたちは様々な反応を示す。中でも行動に変化が見られたことは、大変な驚きと喜びであった。たとえば、シャーロット・ゾロトウ文、みらいなな訳『ことりはどこ？』（童話屋　1991）を読んだ時のことである。

〈秋の初め、一年生にこの本の読み聞かせをしました。特に小鳥の歌の部分を心を込めて読みました。かえでがあかくなって……とすぐに暗唱した子や「クラスの歌にしようよ」と、提案した子がいました。翌朝「小鳥がいたよ」「鳥が歌っていた」とにぎやかでした。（2002.11.2山梨日日新聞、掲載一部）〉

　この時、実際に歌を掲示して毎朝、リズムよく暗唱が行われた。また、子どもたちの鳥への関心が高まり、窓から見える小鳥たちの姿を追っては、話題にしたものである。

　また、物語の読み聞かせを通して、困難を乗り越えた子どもも見られた。運動会を拒む子、不登校傾向の子等々に、変容が見られたのある。

　地域行事のキャンプへの参加を拒否する1年生の女の子の場合。

　夏休み恒例の地域行事として行われるキャンプに、1年生から6年生が参加することになっているが、何と説得しても嫌がっているとの母親からの相談に、日頃の実践で子どもたちに受け入れられていた『はじめてのキャンプ』の読み聞かせを薦めたところ、「うって変わって行くことになりました」という驚きをもっての報告があった。この事例はエリス（Ellis, 1991）の論理療法、ABC理論の実際に相当しているように思われた。

ABC理論	女の子の場合
A（Activating Event：出来事）	キャンプという初めての行事
B（Belief system：信念、思い込み）	不安、怖い（意識的、無意識的からくる）
C（Consequence：結果）	キャンプには行きたくない
D（Dispute：論ばく）	物語理解
E（Effects：効果）	行く

　上記において、エリスによればAからCではなく、BによってCが起こっているということである。B:（Belief system）は日本語の「信念」という言葉の語感と違い、不合理な考え方という思い込みの問題が内包されている（岡林, 2010）。女の子の場合、キャンプに対する不合理な考え方、思い込み（後述）からくる不安が問題としての核であると考えられる。エリスは不合理なBをターゲットとし、論ばくし（D）、効果Eを導きだそうとした。このDに相当するところが女の子への読み聞かせ・物語理解となると考える。そして、不安、怖いといった感情から自信、勇気を持った方向へ自分を変化させることとなったと解釈できる。

　さらに分析をしてみると、子どもが自分を表現する言葉をまだ十分に持たない場合や無意識的に問題を抱えている場合、どのように思い込みをしているのかも確かなことは掴めず、したがって現象としてのCの部分だけが周囲の目に留まる。母親は一生懸命説得するのだが、簡単にBは変わらない。だが、この時期の思考傾向（Piagetの前操作的思考、直観的思考、自己中心的思考）や観察から、推測すると

　（B）：キャンプは行ったことがないので、どんなものかわからない。
　　　　楽しいことかもしれないし苦しいことかもしれない。
　　　　お母さんは一緒に行かない。怖い。

大きい人やよく知らない人たちと泊まるのは初めて。大きい
人とうまくお話しできない。大きい人や知らない人は怖い。
地域の行事という馴染みの少ない共同体行事の中での小さな
自分の存在に対する不安（無意識）。

　これが、「キャンプには、行かない」と嫌がる行為となって現れ
たと考えられる。

D（論ばく）物語理解

『はじめてのキャンプ』（絵本：林明子作・え　福音館書店）1984
母親による読み聞かせ

物語の展開	女の子（聞き手）の深層心理
（1）なほちゃんは小さい女の子です。	・不安 ・自分と比較　あたしより小さい感じ
（2）おとなりの　ともこおばさんは　なほちゃんのともだちです。なほちゃんがともこおばさんのうちに　あそびにゆくと、	・ともこおばさん　お母さんみたいに優しそう
（3）ともこおばさんは　おおきいこどもたちに　かみを　くばっていました。	・興味、疑問　何だろう
（4）「おおきいこは、あさって、かわらにキャンプにいきますよ。このかみにかいてあるものを　そろえなさい」	・大きい子!? ・ちっちゃいこは無視された！
（5）なほちゃんのめが、きゅっと　つりあがりました。「わたしも　いく！」	・なほちゃんのめが、きゅっと←無視されて怒ったんだ（因果的思考）
（6）「ちっちゃいこは　だめ！」と、おおきいこがいいました。	・驚き「行く！」と言ってる ・ちっちゃいこの言葉に　なほちゃんと同一化をしはじめる
（7）あきちゃん…ちっちゃいこは　おもいにもつをもってあるけないし、 もっくん…ちっちゃいこはすぐなくし、 ゆうちゃん…ちっちゃいこは　ごはんをたく　まきをあつめられないし、 かみちゃん…ちっちゃいこはよる、くらいとこわがるからだーめ！	・因果的思考　なぜ　ちっちゃいこはだめなの？ 理由1 理由2 理由3 理由4
（8）「わたし、おもいにもつ　もってあるけるし、ぜったい　なかない！　ごはんたくまきだって　あつめられるし、くらくなっても　こわがらない！」 …………	・自尊感情　反実仮想　　決意
（9）かみに　かいてあったのは、じぶんで　よういするものでした。	・キャンプの持ち物
（10）にもつは　おもいけど　がんばりました。 ……	・理由1の結果―大きいあきちゃんの助け　うれしい
（11）もっくんが　…おこしてくれました。 ……すいか、こわいはなし、キャンプファイアー……	・理由2の結末―大きい子の助け　安心 ・キャンプで楽しいことがいろいろある
（12）理由1〜4（クリアしていく）	
（13）おおきなこえで　いいました。 「わたし、おおきいこのように　ちゃんと　キャンプできたよ！」	・できた！　安心、幸福感、勇気、意欲 →新しい世界の創造へ

この場合、主人公「なほちゃん」と同一化して、1年生の子は「自己・世界・他者」についての認識を、自ら、即ち、能動的に獲得（世界：キャンプについての知識）、（他者：小さくてもキャンプはできる、大きい人は頼りになる。お母さんはいなくても大丈夫）、（自己：わたしにもできる）し、Bの部分はポジティブな思考（楽しそうだから行ってみよう）へと変化した。それは、周囲の「説得」より効果があることだった。

　上記の例をABC理論に相当するというのは早計かもしれない。しかし、この事例のほかにも、同じように物語に出会って自分にとっての意味を掴み行動に変化が表れた、と見られる子どもたちがいる。運動会の練習にでない子への『とんぼのうんどうかい』（後に本が私を変えたと担任に話した）、不登校傾向（完全な不登校に至る前、初期に段階的に実践）の子どもたちや自閉傾向児への『ぼくひとりでいけるよ』、一輪車の練習を突然やめてしまった子どもたちへの『やればできるよランドルフ』、学級の中で孤立していた子どもへの『なんげえはなしっこしかへがな』、友達との仲たがいに悩む子への『けんか』、夜のトイレを嫌がる三歳の子どもへの『まよなかのトイレ』（おばあちゃんの読み聞かせ）等々。

　こうした事例から行動変容は、

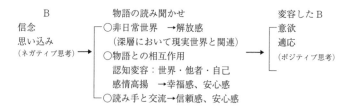

の結果と捉える。

　困難に直面している子どもが、その子にふさわしい物語と出会えた時、その物語は論理療法のような役目を果たし得ると思っている。

河合は、心理療法序説（1992　p.223）に大江健三郎の言葉（『小説の方法』1978）を引用している。〈小説を作り出す行為と小説を読みとる行為とは、……人間の行為として両者とも同じ方向を向いているものである。〉

　自分のことを表現する言葉を持たない多くの子どもたち（河合）の場合、同じ方向を向いて言葉で語られた物語は、子どもの、意識的、無意識的にかかわらず抱える問題の解決と、自己の存在に見通しを与えてくれるものと解釈できる。また、読んでくれる人も同じ方向を向いているといえる。

　＊無意識的なものが非常にはっきりと表れるような客観的事実とは、芸術作品そのものにほかならず、それこそが無意識的なものの分析にとっての出発点になることは、論を待たない（ヴィゴツキー、『芸術心理学』訳柴田 2006　p.97）。

　＊『とんぼのうんどうかい』かこさとし作・絵　偕成社　1972
　『ぼくひとりでいけるよ』リリアン・ムーア文, ジョーア＝フィアメンギ絵　神宮輝夫訳　偕成社　1976
　『やればできるよランドルフ』エレン・コンフォード著　ローズマリー・ウェルズ絵　前田三恵子訳　国土社　1980
　『なんげえはなしっこしかへがな』北 彰介著　太田大八絵　銀河社　1979
　『けんか』シャーロット・ゾロトウ文　ベン・シェクター絵　みらいなな訳　童話屋　1997
　『まよなかのトイレ』まるやまあやこ作・絵　福音館書店　2010

参考文献

Adrian Welles and Gerald Matthews 1994 『ATTENTION AND EMOTION A Clinical Parspective』箱田裕司・津田 彰・丹野義彦 監訳 2002 『心理臨床の認知心理学 感情障害の認知モデル』培風館

Bruno Bettelheim 1976 『THE USES OF ENCYANTMENT』波多野完治・乾侑美子（訳） 2003 『昔話の深層』 評論社

Denis Judd 1986『ALISON UTTLEY』中野節子（訳） 2006『アリソン・アトリーの生涯』 JULA出版局

Gerald Prince 1987 『A dectionary of Narratology』遠藤健一（訳） 1991 『物語論辞典』松柏社

波木井やよい 1995 『読みきかせのすすめ』国土社

波多野完治監修 1984 『ビアジェの発生的認識論』国土社 1982 『ビアジェ理論と教育』

広瀬恒子 2003 『本・子ども・人をむすぶ』新日本出版

福沢周亮 1991 『子どもと本の心理学』大日本図書株式会社

藤本朝巳 『昔話と昔話絵本』日本エディタースクール出版部

池田紘一・眞方忠道編 2002 『ファンタジーの世界』九州大学出版会

市川伸一 2011 『考えることの科学』中央公論新社

加藤繁美 2005 『しあわせのものさし』ひとなる書房

河合隼雄 1988『昔話の深層』福音館書店

河合隼雄 1990 『子どもの本を読む』楡出版

河合隼雄 『物語とふしぎ』岩波書店

河合隼雄 1992 『人間の深層にひそむもの』大和書房（昔話への問い＝私の問い）

河合隼雄 1992 『心理療法序説』岩波書店

河合隼雄 2008 『臨床心理学ノート』 金剛出版

河合隼雄・坂田寛夫・谷川俊太郎・池田直樹　『声の力』岩波書店

木下孝司/加用文男/加藤義信編著　2011　『子どもの心的世界のゆらぎと発達』ミネルバ書房

Lillian H, Smith 1953　『THE UNRELUCTANT YEARS』石井桃子・瀬田貞二・渡辺茂男（訳）　2007　『児童文学論』岩波書店

Mario Bunge 1972　『THE PLACE OF THE CAUSAL PRINCIPLE IN MODERN SCIENCE』　黒崎宏（訳）『因果原理の近代科学における位置』岩波書店

松居 直　1991　『わたしの絵本論』国土社

松居 直　2008　『絵本のよろこび』NHK出版

松下幸之助　2009　『道をひらく』PHP

宮本久雄・金 泰昌編　2007　『他者との出会い』　東京大学出版会

守屋慶子　1995　『子どもとファンタジー』新曜社

中沢新一　2002　『人類最古の哲学』　講談社

Neisser, U.　1981　大羽 葵（訳）『認知心理学』誠信書房

日本児童文学者協会編　代表古田足日　2003　『子どもと本の明日』新日本出版社

野内良三　2010　『発想のための論理思考術』NHKBooks　日本放送協会

野村俊明　1981　接続詞の獲得に見る因果的思考　東京大学教育学部紀要　第21巻

大村彰道監修　2009　『文章理解の心理学』北大路書房

岡林春雄　2008　『心理学におけるダイナミカルシステム理論』金子書房

岡林春雄　2010　『心理教育』金子書房

岡本夏木　2010　『子どもとことば』　岩波書店

Paul L. Harris 2000　『The Work of the Imagination』

Peter Hollindale 1997『SIGNS OF CHILDNESS IN CHILDREN'S

BOOKS』　猪熊葉子　監訳　2002　『子どもと大人が出会う場所』柏書房

Piaget, J. 『Piaget's Theory』　中垣　啓（訳）　2007　『ピアジェに学ぶ認知発達の科学』北大路書房

Piajet, J.& Garcia, R.　原著　芳賀純・能田伸彦・原田耕平・岡野雅雄（訳）　1998　『意味の論理』Sanwa

上原友紀子　2008　子どもの物語理解における感情理解　東京大学大学院教育学研究科　第48巻

Roland Barrthes 1961　花輪　光（訳）2012　『物語の構造分析』みすず書房

斉藤惇夫　2001　『現在子どもたちが求めているもの　子どもの成長と物語』キッズメイト

佐伯　胖　編　1982　『認知心理学講座3―推論と理解―』東京大学出版会

佐伯　胖　2007　『理解とは何か』東京大学出版会

佐藤公治　2006　『認知心理学からみた読みの世界』北大路書房

佐々木宏子　2010　『絵本の心理学』新曜社

三宮真知子　2009　『メタ認知』北大路書房

繁桝算男・植野真臣・本村陽一　2008　『ベイジアンネットワーク概説』培風館

須貝千里・田中実編著　2005　『これからの文学教育のゆくえ』右文書院

関　可明　2002　『脳が元気になる読み聞かせ』一光社

田中武夫・島田勝正・紺渡弘幸編著　2011　『推論発問を取り入れた英語リーディング指導』三省堂

辻井岳雄　2012　演繹的推論に及ぼす信念バイアス効果　Human Developmental Research 2012. Vol.26, 95-102

Victer Watson & Morag Styles　原著　谷本誠剛 監訳　2002『子

どもはどのように絵本をよむか』柏書房

Vygotsky, L.S.　原著　広瀬信雄（訳）2002　『子どもの心はつくられる』新読書社

Vygotsky, L.S.　原著　広瀬信雄（訳）2009『子どもの想像力と創造力』新読書社

Vygotsky, L.S.　原著　柴田義松（訳）2010　『思考と言語』新読書社

脇 明子　2006『読む力は生きる力』岩波書店

脇 明子　2010『物語が生きる力を育てる』岩波書店

山元隆春　1986　文学教材に対する読者反応の分析の方法　広島大学学校教育学研究科博士課程論文集　第12巻

山元隆春　1995　文学テクストに対する子どもの反応の発達　広島大学学校教育学部紀要 第17巻 19-33

山鳥 重　2008『「わかる」とはどういうことか』ちくま新書

山住勝広　1989　授業における物語の理解　教授学の探究 7, 83-97　北海道大学

矢野智司　2002　『動物絵本をめぐる冒険』勁草書房

矢野智司　2009　『自己変容という物語』金子書房

日本子どもの本研究会編　1990　『シリーズ読書論』国土社

あとがき

　本書を仕上げて今、子どもの力、物語の力というものを改めて思うばかりである。また、その力を引き出させた、Alison Uttleyの作品の良さも見逃せない。

　読書は想像力、思考力、感情、表現力等を豊かにするということは多くの人が語ることであり、それぞれの分野で深い研究もされている。今回私が研究として取り組んだのは、読み聞かせにおける子どもたちの物語理解にかかわる内部プロセスの外からは見えにくい「思考」、そのまた一部の子どもたちの因果的思考であった。しかし、そこに繰り広げられている子どもの世界の広さ、深さは驚くばかりであった。

　因果構造を持つ物語に、様々な因果関係を見て読者はその関係性を納得したり、疑問を持って因果的思考をしたりする。耳から読み聞かせが行われている最中も、子どもたちが「え！　なぜ？」「どうして？」「わかった！」「へんだよ」などと呟いたり叫んだりすることが多々ある。読み上げられている文に、そして本の中に描かれている絵にも、瞬間的に、無意識的に、能動的に子どもたちは因果的な推論を行っている。そのことを研究を通して明らかにできた。研究の実験的試みや読み聞かせ後の感想からは、推論の仕方、内容は個々の子どもを反映し実に多様であることが捉えられた。子どもたちの言葉は素直で懸命で、子どもは楽しく、教えられる、一人ひとりがかけがえのない存在であることを感じさせた。そして物語は心的世界なので登場人物の心と行動の関係を年齢とともに広く深く考えるようになり、生き方にも考えをおよばせていた。たとえ物語が架空の世界であっても、それはすぐに現実の世界に現れることもあるだろうし、いつの時にか現実の世界の中でふと物語のことが思

い出され、脳内にある因果マップが引き出されるかもしれない。マップを使って、その時々の場面で世界や自分自身を変えていくと期待できる。子どもたちにはそれだけの力のある物語に出会わせたいと思う。

　因果的思考の研究から時間が経過し、刻々社会の様相が変わり、子どもにとっても生きにくいと思われることの多く、子どもの読書離れも言われている中、近頃機会を得て、6年生と3年生を対象に研究の実験的試みを検証することができた。物語世界を楽しみ学び、新しい世界を創造していく子どもの様相は本質的に変わっていないと感じた。すべての子どもたちに楽しみと生きる力を与えてくれる本に出会ってほしいと願いをあらたにしている。

　本書ができるまでには山梨大学教育学研究科の教授の皆様のほかにも多くの方々の労をいただいた。長く読書活動推進にご尽力され、NPO法人山梨子ども図書館、山梨子どもの本研究会をはじめ数々の読書活動団体を設立された浅川玲子様には、いつも広い情報と温かいお言葉を、実験的試みには教師、司書の方々と読書ボランティアのご協力を、文芸社の皆様には優柔不断な私に励ましと忍耐をいただいた。心からの感謝の念にたえない。一般社団法人日本子どもの本研究会から、研究・実践賞特別賞の評価と文芸社出版文化振興基金助成金を受けての刊行である。心からお礼を申しあげる。

　幼い頃より本の世界へ私を導いてくれた亡き父と母にも心から感謝している。

　最後に、研究に協力してくれた多くの子どもたちをはじめ、すべての子どもたちの未来が幸せでありますようにと深い祈りを捧げる。

2020年　4月　田中昭子

著者プロフィール

田中 昭子（たなか しょうこ）

1943年　山梨県に生まれる
1966年　山梨大学卒業後、38年間小中学校教員を務める
2013年　山梨大学大学院教育学研究科修士課程修了
現在　一般社団法人日本子どもの本研究会会員、山梨子どもの本研究会
　　　会員、NPO法人山梨子ども図書館理事
著書　絵本『くすのき』近代文藝社　1995年、絵本『四方津はるなつ
　　　あきふゆ』文芸社　2003年　その他
受賞　第一回日本子どもの本研究会実践・研究賞特別賞受賞

TALES OF GREY LITTLE RABBIT by Allison Uttley
(c)1995年　by 石井 桃子　中川 李枝子　岩波書店
used with permissions from The Society of Authors Ltd., London,
through Tuttle Mori Agency, Ink., Tokyo.

物語と子どもの発達 読み聞かせ35年　見えない部分を探る

2020年5月15日　初版第1刷発行

著　者　田中 昭子
発行者　瓜谷 綱延
発行所　株式会社文芸社
　　　　〒160-0022　東京都新宿区新宿1−10−1
　　　　　　　　　　電話 03-5369-3060（代表）
　　　　　　　　　　　　　03-5369-2299（販売）

印刷所　株式会社平河工業社